U0050886

校長的十八般武藝

釋惠敏 著

The President's Extensive Skills in Buddhist Practice

前言

十八般博雅「武藝」與四重「擂台」

本書所收錄的文章是從《人生》雜誌 2017 年 2 月〈佛學資訊之未來發展：語意網 ?!〉到 2020 年 1 月〈社會價值、腦神經科學與 AI〉的 33 篇拙文，書名定為《校長的十八般武藝》的緣由，一方面是延續《校長的午後牧歌》、《校長的三笑因緣》、《校長的番茄時鐘》系列名稱，皆是敝人擔任法鼓佛教學院、法鼓文理學院校長期間的專欄文集；另一方面，2020 年初，全世界全力進行「2019 新型冠狀病毒」防疫工作，或許敝人如下建立於佛教「戒、定、慧」三學與淨土學之十八般博雅「武藝」的日常生活型態的培養，例如：以「身心健康五戒：微笑、刷牙、運動、吃對、睡好」健全個人免疫系統、施打疫苗與勤洗手之「健康管理」、「終身學習五戒」增進防疫知識等，有助於個人乃至社會，從根本做好修練與防備，因應各種全球化驟變挑戰。

十八般博雅「武藝」：博雅「十戒」、調和「五事」、時安康「三管」

法鼓文理學院（Dharma Drum Institute of Liberal Arts, DILA）中英文校名蘊含「文理學院教育」（Liberal Arts Education，或稱「博雅教育」）的辦學方針，若配合校訓「悲智和敬」，我們也可說本校「博雅教育」的宗旨是要學習「博學多聞有悲智，雅健生活樂和敬」。

古來將使用十八般兵器「矛錘弓弩銃，鞭簡劍鏈撾，斧鉞並戈戟，牌棒與槍杈」的本領，稱為十八般武藝。若將敝人長年所倡議與實踐之博雅「十戒」（戒學）、調和「五事」（定學、慧學）、時安康（淨土學）「三管」等十八項博雅修練之道，為方便記憶，或許也可以戲稱為十八般博雅「武藝」，敬請大家笑納。

博雅「十戒」（戒學）：學習五戒＋健康五戒

佛教所謂「戒」的梵語是śīla（音譯：尸羅），是行為、習慣、性格等意義，一般常稱好習慣為「戒」，而教育的基礎是培育各種的良好習慣，常言說得好：「觀念改變行為，行為養成習慣，習慣塑造性格，性格決定命運。」

敝人多年來提倡的〈身心健康「五戒」：微笑、刷牙、運動、吃對、睡好〉（《人生》雜誌2010年10月；2013年8月收錄於《校長的三笑因緣》），這可說是成就「雅健生活樂和敬」基礎，以及〈終身學習「五戒」：閱讀、記錄、研究、發表、實行〉（《人生》雜誌2013年7月；收錄於《六十感恩紀——惠敏法師訪談錄（增訂版）》），這可說是成就「博學多聞有悲智」的基礎。因此將「終身學習五戒」（博學多聞）「身心健康五戒」（雅健生活）稱博雅「十戒」，詳如上述書籍內文。

《瑜伽師地論》〈聲聞地〉論述：「所依」（身心）清淨（＝麁（粗）重息滅＋輕安顯現＝所依滅＋所依轉＝轉依）和「所緣」（學習對象）清

淨（＝所知事的現見＝無分別、現量智見＝超過影像），被視為瑜伽行的最高目標，亦即禪定的成就狀態（詳參考拙文〈佛教之身心關係及其現代意義〉《法鼓人文學報》第 1 期，2004 年），「身心健康」或可以作為「所依」（身心）清淨的基礎，「終身學習」或可以作為「所緣」（學習對象）清淨的基礎，因此成就如下的定學、慧學。

調和「五事」（定學、慧學）：身、息、念、受、想

漢傳佛教之禪修入門書《修習止觀（定慧）坐禪法要》（隋代智者大師所述）提出「調和五事」（飲食、睡眠、身、息、心），前兩項調和「飲食、睡眠」與上述「身心健康五戒」之後兩項「吃對、睡好」有關。

對於後三項，拙文〈從禪修、腦科學談身心調和五事〉（《人生》雜誌 2018 年 7、8 月）曾從認知神經科學觀點，提醒我們不可忽視調合 1. 身體之動靜、鬆緊等姿態變化對心智訊息處理的影響。2. 調息（呼吸、語言）：息調出入、長短等變化的意義，因為呼吸兼具自主神經自動調節與意

識調節的特性。對於「調心」部分，則從 3. 調自他「念」、4. 調苦樂「受」、5. 調順逆「想」等方面來討論，如此或可稱為禪修之「身心調和五事（身、息、念、受、想）」，詳如本書內文。

三管（淨土學）：時間、安全、健康管理

漢譯「淨土」之梵語，是「buddha-kṣetra」（佛土，佛國土），是佛所教化的世界之意，如娑婆世界是釋迦佛之國土，極樂世界是彌陀佛之國土。「菩薩淨土之行」（或「菩薩修淨佛土」）是出自於「發阿藐多羅三藐三菩提心」菩薩所問的問題，《大智度論》：「淨佛世界者，有二種淨。一者、菩薩自淨其身。二者、淨眾生心，令行清淨道。以彼我因緣清淨故，隨所願得清淨世界。」

一般提到發心菩薩發願至成佛之時間有三，乃至無量「阿僧祇劫」（無數長時）之說，但也因此讓初發心菩薩退卻，華嚴宗則以無始（眾生）無終（諸佛）、同時炳現之「海印三昧」，來闡述事事無礙法界緣起，建立「初發心時便成佛、雖成佛不捨初發心」相即相入、互攝互入的信願，開展菩

薩道（詳參本書之〈法鼓文理學院新景點：圓通海印．海印三昧〉）。

拙文〈「拖延」與「番茄工作法」〉（《人生》雜誌 2016 年 7 月；收錄於《校長的番茄時鐘》）是我在 2013 年知道的「時間管理法」，它近年來成為我改善「拖延」、專注工作、增進效率與保養眼睛、脊椎的方法，讓我每 30 分鐘內至少可以休息 5 分鐘，讓身心調適「歸零」，也是讓我體會「無始（眾生）無終（諸佛）」、同時炳現之海印三昧的好方法，詳參上述書籍內文。

此外，《四十二章經》卷 1：「佛問諸沙門：人命在幾間。對曰：在數日間。佛言。子未能為道。復問一沙門：人命在幾間？對曰：在飯食間。佛言：子未能為道。復問一沙門：人命在幾間？對曰：呼吸之間。佛言。善哉。子可謂為道者矣。」從「數日間」、「飯食間」（約 30 分鐘）、「呼吸之間」的時間管理，也可學習體會佛教「諸行無常、諸法無我、涅槃寂靜」的法喜。

2010 年左右流行的「永保安康」祝福語來自臺南「永康」及「保安」車站的區間車票，雖然大眾此熱潮的記憶日漸消退，但是「安全、健康」仍然是人類的基本願望，以及理想世界（安樂淨土）

的基本目標。可惜的是，人們常只停留於「祈願」的階段，不知如何正確思考與實踐。

「安全管理」在機構與企業管理是重要的環節，但是在個人的層次比較容易被忽視。其實，我們日常生活的食衣住行、育樂、資訊等相關層面都蘊含相對的危險性，例如：邊走邊滑手機的習慣、狼吞虎嚥的飲食習慣、忽視消防演練與急救訓練、不重視工作安全守則、疏忽高齡跌倒與「人離火熄」的預防、災害潛勢地圖之忽略……。《中阿含經》卷 2：「云何有漏從『離』斷耶（如何從『遠離』斷除煩惱）？比丘！見惡象則當遠離，惡馬、惡牛、惡狗、毒蛇、惡道、溝坑、屏廁、江河、深泉、山巖。惡知識、惡朋友、惡異道、惡閭里、惡居止……」大乘佛教記載瑜伽師（禪師）的修行階位與境界之百科全書《瑜伽師地論》卷 32 也提到如下「善護己身」的「念（注意力、記憶力）住（現前觀察、關照）」的避險安全守則：「又汝應於**念住**加行、時時修習勝奢摩他（止定）、毘鉢舍那（觀慧）。……入彼村邑聚落乞食，應當**善避惡象、惡馬、惡牛、惡狗、惡蛇、惡獸、坑澗、濠塹。株杌、毒刺、泥水、糞穢**，及應遠離諸惡威儀、穢坐臥具，汝應如是**善護己身**。」並將 1. 善護身、2. 善守根（感官）、3. 善住念、4. 達世間出沒妙慧等，列為精勤修習四種因緣。

為方便火災、救護、災害、山難等求救報案，敝人安裝新北市消防局的手機應用程式之後，經由即時通知的功能，我深深體會到每天火災發生的頻繁。根據統計，2019 年全臺灣共發生火災 22866 次（平均每天約 63 次），150 人死亡，478 人受傷，財務損失 144220 萬元。所謂「安全第一、預防為主」是安全管理的基本原則，世事無常，我們需要與時俱進充實個人、家庭、機構、社區乃至社會的安全管理智能。

「健康管理」是經由定期體檢早期發現疾病，並作連續監測和有效控制。我個人安裝了「健保快易通」手機應用程式，它有「健康存摺」（方便查詢就醫紀錄、就診行事曆、生理量測紀錄、就醫提醒、過敏資料、器捐或安寧緩和醫療意願與肝癌風險預測）、「院所查詢」、「行動櫃檯」、「醫療快搜」等功能。

此外，我個人定期體檢與口腔檢查，以「身心健康五戒」健全免疫系統，適時施打疫苗與勤洗手，「終身學習五戒」增進健康與防疫知識都可以屬於個人「健康管理」，提供大家參考。

博雅「武藝」的四重擂台（道場）：心識、生命、校園、社會

「擂台」是古代為比武、競技所設置的場地，我們所面對最大的敵手其實是自己與環境的挑戰，如同佛陀在印度菩提伽耶的菩提樹下之金剛座上（道場），降伏魔眾（煩惱、誘惑等各種障礙）的場面，《增壹阿含經》：「爾時，世尊告諸比丘：有此二力，云何得二力？所謂忍力、思惟力。……以我有忍力、思惟力故，便能降伏魔眾，成無上正真之道，坐於道場。」所謂「忍力、思惟力」與「戒、定、慧」三學、佛淨土有關，也是上述十八般博雅「武藝」可以發揮的場域。

拙文〈法鼓文理學院博雅教育的三特色〉（《人生》雜誌2014年10月；參閱《六十感恩紀——惠敏法師訪談錄（增訂版）》）曾經提到「心靈環保」博雅教育之波形圓周式擴展：生命、社區、社會、環境的構想。這是以「心靈環保」為核心價值，立基佛教學系與人文社會學群之「生命教育、社區再造、社會企業與創新、環境與發展」等碩士學程之教學結構，以期建構佛法與世學兼備的多元的教學環境，以培養「悲智和敬」能力與態

度。猶如「慈悲喜捨」四無量（沒有界限、博雅）的擴展面向，成為「生命、社區、社會、環境」之波形圓周式擴展。依此，我們或可將十八般博雅「武藝」所發揮的場域分為「心識、生命、校園、社會」等四重擂台（道場），也作為本書文章分類分篇的名稱，敬請大家指教。

最後感謝法鼓文化成就本書出版因緣。若能讓本書讀者將十八般博雅「武藝」（三學、淨土學）一招半式在四重「擂台」（道場）發揮，淨佛國土，成就眾生，則是法鼓文化法師與菩薩的功德；若有敝人獻醜之處，敬請看官作為茶餘飯後消遣之用即可。

寫於法鼓文理學院 2020年2月4日

目錄

chapter 1

心識擂台

chapter 2

生命擂台

chapter 3

校園擂台

chapter 4

社會擂台

chapter 1 心識擂台

愉悅羅盤：苦樂、善惡、上內

1

佛教之三樂：知足常樂、助人快樂、寂滅最樂

誠如《大丈夫論》卷 2 所述：「一切眾生皆同一事，皆欲離苦得樂。」但什麼是佛教之樂？或許可參考拙文〈身心健康「五戒」四句偈〉（《人生》雜誌 337 期，2011 年 9 月），配合佛教的「三法印」（諸行無常、諸法無我、涅槃寂靜）的體悟與三種道來說明，其相關性如下所示：

諸行無常→知足常樂→解脫道

諸法無我→助人快樂→菩薩道

涅槃寂靜→寂滅最樂→涅槃道

此外，《法句經》：「心為法本，心尊心使，

中心念『惡』，即言即行，罪『苦』自追，車轢于轍。心為法本，心尊心使，中心念『善』，即言即行，福『樂』自追，如影隨形。」此中所謂「善惡」與「苦樂」的關聯法則為何？從腦科學的角度，有何觀點有助於我們深入探究？

愉悅之羅盤：苦樂同功、善惡同源

2017 年底，敝人閱讀美國約翰霍普金斯大學醫學院神經科學系教授大衛・林登（David J. Linden）博士之 *The Compass of Pleasure*（愉悅之羅盤；中譯本《愉悅的祕密》），頗有收穫。因為他從腦神經科學，對人類追求愉悅的行為模式，提出跨文化的生物學解釋，其重點如下：

（一）生物演化史早已出現基本的愉悅迴路。例如土壤中的秀麗隱桿線蟲（1 公釐長，302 個神經元）也有基本的愉悅迴路。線蟲以細菌為食，善於追蹤氣味尋覓食物。但當含「多巴胺」（dopamine）的 8 個關鍵神經元沒有反應時，線蟲雖還能偵測到氣味，但對食物變得不在意（不太感覺到吃細菌之樂趣）。

（二）人類、老鼠等哺乳動物的愉悅（報償）

迴路比較複雜，因其與腦部攸關決策、計畫、情緒、記憶儲存的中樞交織連結。有些經驗會促使「腹側被蓋區」（VTA）含多巴胺的神經元活化，傳導到「伏隔核」（NAc）、掌管情緒的杏仁核（AMYG）與前扣帶迴皮質（ACG）、攸關習慣養成的背側紋狀體（DSTR）、與事實及事件的記憶有關的海馬迴（HIP），以及控制判斷與計畫的前額葉皮質（PFC），帶給人愉悅感，在此愉悅經驗發生之前，或同時發生的感覺訊息與行為，會被記憶或聯想為正向的感覺。

（三）愉悅經驗三部曲：1. 喜歡該經驗（立即的愉悅感）；2. 將外在的感覺提示（影像、聲音、氣味等）及內在的提示（當時的想法、感覺），與該經驗連結，以預測如何才能再擁有同樣經驗；3. 評定愉悅經驗的價值多寡，以便選擇何種愉悅經驗，並決定所願意付出的努力與風險。

（四）苦樂同功：痛苦與愉悅同具顯著性（salience）功能，不論是正向情緒如欣快感與愛，或是負向情緒如恐懼、憤怒、厭惡，都代表不應忽略的事件。因為，愉悅是心智功能的羅盤，指引我們去追求善與惡；痛苦則是另一個羅盤，猶如策動驢子的棍子與紅蘿蔔。但是，愉悅是延續生命的推力、學習之核心。文藝、宗教等引發超脫的愉悅感，也深植文化實踐中；對此強大的力量，各文化對於食、性、酒、藥物甚至賭博之愉悅，都有詳細的規範與習俗。

（五）善惡同源：不論是違法的惡習或道德作為（冥想、祈禱、捐獻），都會活化上述「內側前腦」愉悅迴路（medial forebrain pleasure circuit），具腦神經學上的一致性，都以愉悅為羅盤。

（六）我們或許以為法律、宗教禁忌、社會規範，最嚴密控管的部位是性器、嘴巴或聲帶，但其實是內側前腦束愉悅迴路。無論是社會或個人，無不費盡心力要追求與控制愉悅經驗，然而這場爭戰的主戰場，其實是人類腦部深處的愉悅迴路。

（七）追求愉悅之黑暗面——成癮。例如藥物成癮之耐受（需求量增強）、依賴與渴求，愉悅被欲望取代，喜歡（liking）減弱變成需要（wanting），乃至無法自拔。這與此愉悅迴路神經元的電學、形態、生化功能，以及突觸連結的長期改變有關。此改變幾乎與腦部其他部位，用以儲存記憶的迴路所引發的改變一樣。因此，記憶、愉悅與成癮是密切相關。

（八）聯想式學習（association learning）加上

愉悅的經驗，人類可創造「認知性愉悅」，例如：金錢數字、某種觀念（ideas）或信念可以活化愉悅迴路。因此，人類可基於宗教原則、政治理念，能以「禁食」或「禁欲」為樂。但是此過程猶如「兩面刀」，有時也會讓愉悅轉變為成癮。

禪定之「上緣」或「內緣」

禪修時，觀察（愉悅與腦部聯想式學習的互動）初禪之離欲的身心安靜、單純，依照上述「愉悅經驗三部曲」之「評價、選擇」捨棄感官愉悅之粗俗、複雜，提昇（上緣）到二禪、三禪、四禪等各種禪定。但若因而執著禪定樂，則是世間禪定。

若能觀察身心無常、無我，不執著禪定樂，因各種喜樂同源於腦部之愉悅迴路，體悟唯心所造（內緣），學習《中阿含經》「持戒（善行）→無悔→歡→喜→輕安→樂→定→如實知見→厭→離欲→解脫→解脫知見」之解脫道，以及利他為樂之菩薩道。

這或許是《六門教授習定論》所云，須分辨禪修之「上緣」或「內緣」的原因。

——— 原刊於《人生》雜誌416期（2018年4月）

2 淨信之腦內藥方與外在訊息

佛教之最初證悟：隨信行（四證淨）

依照學習者重視「信仰」或重視「理論」的不同，有「隨信行」、「隨法行」兩種轉凡成聖的證悟方式，確立正信，善法不退。

隨信行者雖然對於佛教理論沒有把握，或沒有充裕的時間研究理論，但是對於「佛、法、聖者僧、戒」四種，體證堅固不壞之清淨信心，稱為「四證淨」（四不壞信）。有名的〈七佛通戒偈〉：「諸惡莫作，眾善奉行，自淨其意，是諸佛教。」可表達此「四證淨」的內涵「自淨其意」，是對佛、法、僧三寶的淨信；「諸惡莫作，眾善奉行」是受持戒律。

所謂「四證淨」（四不壞信）之淨信，從腦科學的最新研究所發現的運作機制，是否可讓我們用於修行或日常生活？

療癒的藝術：儀式、醫學安慰劑

2018年3月《讀者文摘》摘取《國家地理雜誌》（2016年12月）的文章，以「人體自癒力：科學顯示，除了飲食、行為及思考，信念也會左右我們的感受」為標題，報導「朝聖、醫學安慰劑」相關實例與研究。或許可讓我們參考而善用「淨信」的力量，自利利人。

此報導提及：有宗教朝聖者雖帶有傷痛，但因堅信信仰的對象會給予療癒力量，因此可跋涉135公里路。另外，帕金森氏症（慢性中樞神經系統退化）的病人，參加新藥試驗，透過隨機安排進行安慰療法的假手術，居然獲得改善。

上述的儀式或醫學安慰劑效應，猶如精彩的藝術表演，讓人身歷其境、渾然忘我，療癒的戲碼目的，是在腦中創造出高度期望，產生影響身體的變化。

此表演藝術延伸到療癒的諸多面向，於潛意識發揮功效。昂貴的安慰劑會比便宜的有效；注射的效果比錠劑有效；而效用最強的是假手術。

病人被告知在嚴謹的臨床試驗中，安慰劑可展現能夠誘發自癒力的效用。醫院也是一處經常上演信念戲碼的場所，醫療設備（道具）的「舞台」、穿制服（戲裝）的醫護人員（演員），數以百計利用預期心理的替代療法，包括順勢療法、維他命針劑、音療等，都被證實具有不同程度的療效。

腦內藥方：正確的「信念＋經驗」

二十一世紀初，科學家才得以觀察這些影響在腦中作用的過程。例如：美國密西根大學的實驗，在受試者的手腕上塗抹乳膏，然後綁上可能產生疼痛或熱度的電極，再讓受試者接受腦部掃描。

受試者被告知其中一種乳膏可減輕疼痛，其實兩種乳膏都不具減輕疼痛的成分。經過幾次制約後，受試者學會在塗有「止痛」乳膏的手腕上，感覺到較輕微的疼痛。最後一回試驗時，受試者對於強烈電擊的感受就跟被輕捏差不多。

大腦掃描顯示，正常的疼痛感從傷處開始，瞬間沿著脊椎上傳至大腦辨識疼痛的部位，安慰劑反應則是反向作用。前額葉皮層的治療期望將訊號傳遞至腦幹，製造出類鴉片，並釋放至脊椎，產生止痛效果。該實驗的主持人說：「正確的信念和正確的經驗共同作用，就是處方。」

美國陸軍醫療中心疼痛暨成癮專科史佩瓦克（Christopher Spevak）醫師運用此「腦內藥方」的機制，協助病人控制慢性疼痛。他讓病人說自己的故事，從而得知某人小時候非常喜歡家門外的桉樹，或者愛吃薄荷糖。每當病人服用類鴉片止痛劑，同時也嗅聞桉樹油或吃薄荷糖，病人開始將感官體驗與藥物建立連結。一段時間後，醫師將藥物減量，只提供感覺或氣味，此時患者的大腦已能從體內藥房獲得所需的藥物，學會控制慢性疼痛。

外在訊息的作用

最近，有實驗室測試外在訊息（例如：他人的反應）對受試者疼痛經驗的影響，結果認為：在改變疼痛的感受上，社交訊息的作用，可能比制約與下意識的提示更強大，這或許是大型宗教活動群眾效應的影響力原因。

研究人員讓受試者感受手臂上的灼痛感，要求他們評估強度。此外，受試者還看了一系列先前的受試者用來標示疼痛度的記號。實驗結果顯示：

雖然刺激強度相同，受試者卻會參照前人的反應，來回報自身的疼痛感。受試者之皮膚傳導反應測試（身體傳導電流的非自主性變化）顯示，他們不僅回報他們認為研究人員想聽的內容，實際上對痛苦的反應也比較小。研究人員說：「從人際關係中獲得訊息，不僅對主觀感受產生深遠的影響，對疼痛以及康復等與健康有關的結果也一樣。」

「安慰劑」與「反安慰劑」效應

相對於「預料」或「相信」治療有效，而讓病患症狀得到舒緩的安慰劑（placebo）效應；若對於藥物抱有負面的態度，則容易讓病患產生病情惡化的反安慰劑（nocebo）效應。

依此「唯心所造」的正反效應，若能選擇「止惡行善」（戒）、或聖賢、真理（佛法僧三寶）作為淨信對象，對日常生活的人事物保持「尊重、敬意」儀式意義，或許是佛教之最初證悟「隨信行」的學習方便，也是「正向心理學」發展的目標。

——— 原刊於《人生》雜誌417期（2018年5月）

禪定、心流與創意

3

「緣起無我」的創見與禪定

根據佛傳文獻，佛陀捨棄世俗享樂而出家，也放棄無益苦行而受用飲食，採取「不苦不樂」中道行，如《增壹阿含經》卷 23 所述：

> 比丘當知，我六年之中作此苦行，不得上尊之法……
>
> 爾時，我復作是念：「我自憶昔日，在父王樹下無婬、無欲，除去惡不善法，遊於初禪；無覺、無觀，遊於二禪；念清淨無有眾想，遊於三禪；無復苦樂，意念清淨，遊於四禪。此或能是道，我今當求此道。」

在菩提樹下，佛陀運用少年時曾經體驗之四禪方法，觀察「因緣」法則之「無常、無我、不生不滅」法印，對於「不死法」（Deathless State）的終極目標，有別於當時宗教界之「一因」（傳統的婆羅門教）或「無因」（新興的沙門教團）的主張，開創「不生不滅、不常不斷、不一不異」之「緣起性空」的「無我」觀點，突破「常我」之追求與「斷滅」之極端。

如此創新的覺悟，引起當時許多宗教領袖或社會菁英的認同，例如：三迦葉兄弟、舍利弗與目犍連等人紛紛在佛陀座下皈依，因此開展佛教，並且傳播亞洲乃至全球。

佛陀觀察「緣起無我」的創見與四種層次之禪定有關：「初禪」尋（覺）伺（觀）各種感官欲樂之過患，離欲而生喜樂；「二禪」離尋（覺）伺（觀）之分別，是內在淨信而生喜樂；「三禪」離喜，成就「捨、念、樂住」；「四禪」離樂，成就「捨、念、清淨」。禪定雖分上述四種層次，但都是屬於「心一境性」（身心輕安、專注）狀態，這或許是聖者們「緣起無我」創見所共通具備的條件。

創意與心流經驗

對於人文學、社會或自然科學的「創造力」（創意）共通點之研究，美國芝加哥大學心理學系彌海・契克森彌海（Mihaly Csikszentmihalyi）教授和他的學生，於 1990 至 1995 年，訪談了包括 14 位諾貝爾獎得主在內的 91 名創新者，出版《創造力：心流與創新心理學》（*Creativity: Flow and the Psychology of Discovery and Invention*）等系列書籍。

契克森彌海教授提出：富有創造力的人之間彼此千差萬別，但有個共同點，他／她們都樂於創新，樂於讓「不斷地面對新挑戰」與「不斷地充實新能力」成為動態平衡，行動與覺知的合一，從中體會到「心流」（flow）經驗，這是屬於自發性、高度專注的意識流注狀態。這或許類似於上述四種層次禪定之共同點：「心一境性」（身心輕安、專注）狀態。或者如《瑜伽師地論》卷 30：「云何心一境性？謂：數數隨念同分所緣、流注、無罪適悅相應、令心相續，名三摩地（三昧）；亦名為善心一境性。」之「流注」狀態。

心流經驗與注意力系統

對於創造力與注意力關係，《創造力：心流與創新心理學》提到：「創造力是指一項在文化中的符號領域被改變的過程……而注意力的資源有限……要在既有的領域裡達到創造性，就必須要有多餘的注意力。這就是為什麼西元前五世紀的希臘、十五世紀的佛羅倫斯，以及十九世紀的巴黎成為創造性的中心所在。這些中心大抵位於不同文化交會之處，信仰、生活型態和知識在那裡混合；使人更能輕易地看到新式理念的結合。在整齊畫一和一成不變的文化裡，要達到新的思考方式就得投入更大量的注意力。換句話說，人們能夠不太費力就感受到概念的地方，較可能有創造性。」這是從時空環境背景提供注意力的資源。

對於內在的注意力的資源，美國認知心理學家麥可．波斯勒（Michael Posner）與其同事史蒂文．彼得森（Steven Petersen）提出「注意力網絡」（attention networks）之架構（Posner & Petersen, 1990；Petersen & Posner, 2012 年），包含三種網絡，分別處理不同面向的注意力功能，包含警覺性（alert）網絡（達成並保持對傳入刺激的高度敏感狀態），導向性（orient）網絡（從感官傳入中選擇信息），以及執行功能（executive）網絡（涉及監控和解決思考、感受和反應之間衝突的機制）。

2013 年 4 月，法鼓佛教學院邀請臺灣大學心理學系連韻文教授，講演「從心流經驗與身心互動談注意力與意識控制的提升」之議題。她提到與創意有關之「認知彈性」（認知運作入出自在：進得去，出得來）與注意力系統中的第三「執行控制功能」有關，因它的功能是：維持、更新正在處理的訊息（工作記憶，working memory），抑制與目標無關的訊息，注意力運作轉換，偵測和解決作業中訊息和反應衝突。若此功能提升，可以提高學習、工作動機與主動性專注力，可以鍥而不捨地專注鑽研某個目標，產生成就感。

心流經驗與身心之淨樂

契克森彌海教授提醒：心流經驗和享樂不同，享樂不會導向創造力，容易成癮，成為散亂力的桎梏，無法專注。因此，心流與快樂的連結，取決於產生心流的活動是否能引向新的挑戰，有裨益於個人和文化的成長，而非有害。這或許是上述《瑜伽師地論》「云何心一境性？……流注、無罪適悅相應」之身心淨樂狀態有關，值得我們時時反思與抉擇。

——— 原刊於《人生》雜誌418期（2018年6月）

4 從禪修、腦科學談身心調和五事

天台山修禪寺智者（538 ～ 597）大師所述《修習止觀坐禪法要》（亦名《小止觀》；「止、觀」與「定、慧」可以對應），是漢傳佛教界所熟悉的禪修入門書。其中，有將「修心」善調五事（飲食、睡眠、身、息、心）和適，以「彈琴調絃」鬆緊適中，作如下的比喻：「云何名調和？……亦如彈琴，前應調絃，令寬急得所，方可入弄，出諸妙曲。行者修心，亦復如是。善調五事，必使和適，則三昧易生。有所不調，多諸妨難，善根難發。」所謂「調五事」之前兩項「飲食、睡眠」與 326 期《人生》雜誌（2010 年 10 月）的拙文〈身心健康「五戒」：微笑、刷牙、運動、吃對、睡好〉之後兩項「吃對、睡好」有關。

對於其餘三項之「調身、息、心」，若從禪修、腦科學的對話角度探究，有如下的運用可能。

調身（姿勢）：身調動靜、鬆緊

有關「調身」，可與「四念處」之「身念處」禪修搭配，根據《中阿含經》卷 24：「云何觀身如身念處？比丘者，行則知行，住則知住，坐則知坐，臥則知臥，眠則知眠，寤則知寤，眠寤則知眠寤。」這與保持觀察「行住坐臥」的「姿勢」變化之專注力（念）有關。若從認知神經科學之 embodied cognition（體現認知、具身認知）的觀點，我們不可忽視調和身體之動靜、鬆緊等「姿勢、姿態」的變化，對心智訊息處理的影響。簡言之，我們應該重視身（肌肉等生理條件）對心（認知）的影響。

此外，哈佛醫學院精神科約翰·瑞提（John J. Ratey）醫師之《運動改造大腦》提到：運動可以促進與調節多數神經傳導物質（血清素、正腎上腺素與多巴胺……），而且小腦不只是負責協調肢體動作，也有促進統整思維、注意力、情緒、社會技能的功用。若再配合學習較複雜的肢體技巧，更可增進腦內「腦源性神經營養因子」（Brain-Derived Neurotrophic Factor, BDNF）含量，持之以恆，有助神經元的分化、成長與重塑，改善認知功能，減輕憂鬱。

總之，運動可在如下三個層次改善學習能力：

1. 使心智最佳化，提高警覺性、注意力和動機；

2. 促進神經細胞互聯，為接收新資訊奠基；

3. 刺激海馬迴之幹細胞發展新的神經細胞，有助於記憶形成。

書中也建議：選擇一種同時鍛鍊心肺和腦部的運動（例如：球拍類的運動）；或先做 10 分鐘的有氧熱身操（提升神經傳導物質），再做以技巧為主（強化及拓展神經網路）的無氧運動，例如攀岩或平衡練習。

可見養成調和身體姿勢的基本變化「動靜、鬆緊……」的習慣，非常有助於心智的調和。例如：將此習慣融入工作或日常生活中，設定 25 分鐘（也可微調）為一個工作時程（請參「番茄工作法」，Pomodoro Technique），之後至少休息 5 分鐘，補充水分、舒展筋骨，可以藉由體操、太極拳、瑜伽、原地跑步等，容易讓身體與注意力如實對話的動作，或觀想「機器人動作設計」之精巧，學習以最適當的力量運作身體、調整上下左右軸線的對稱，以及增強核心肌群與身體柔軟度。

如此，除了可以避免同一個姿勢太久，造成肌筋膜鬆緊失調的問題之外，也避免引發焦慮緊張，乃至動作協調能力減弱而伴隨注意力缺失，而且如認知神經科學所提倡：鍛鍊身體的同時，也在鍛鍊大腦。

調息（呼吸、語言）：息調出入、長短……

有關「調息」，也是可與「四念處」之「身念處」禪修搭配，根據《中阿含經》卷 24：「念入息即知念入息，念出息即知念出息，入息長即知入息長，出息長即知出息長，入息短即知入息短，出息短即知出息短……」這與保持觀察「出入、長短……」的「呼吸」變化的專注力（念）有關。呼吸是由自主神經（交感、副交感神經交互拮抗）自動調節，但也可由意識來控制。

一般而言，交感神經在白天較活躍，耗能產生精力，以應付工作或緊急狀況。副交感神經在用餐與晚上較活躍，消化食物蓄能，以利休息或修補器官。

但是，現代人容易因為各種壓力，或追求興奮的社會活動，與熬夜等不良的生活習慣，導致交感神經過度亢奮，即使到了夜晚，副交感神經依然低迷，無法安眠、疲勞累積，造成便祕、缺乏食欲、血壓上升、胃脹等副交感神經障礙等症狀。

由於吐氣運動可讓心跳減慢、胸壓上升，可抑制交感神經，活化副交感神經。所以我們可以藉由「從鼻吸氣 3 秒鐘；從口緩緩吐氣 6 秒鐘」之深呼吸練習，來改善自主神經失調。

我個人是融入上述 25 分鐘工作時程後，原地跑步運動 5 分鐘時，練習此深呼吸法；或在說話或唱誦時，練習以避免粗暴語；或在睡前練習美國安德列・威爾（Andrew Weil）醫師之「4-7-8」（從鼻吸氣 4 秒；屏氣 7 秒；從口緩緩吐氣 8 秒）之舒眠練習，如此來調息（呼吸、語言）等。

對於漢傳佛教界所熟悉的禪修入門書《修習止觀坐禪法要》（隋代智者大師）所述的，「修心」善調五事（飲食、睡眠、身、息、心）之後三項：身、息、心，可從認知神經科學觀點，提醒我們不可忽視調和 1. 身體之動靜、鬆緊等「姿勢、姿態」變化對心智訊息處理的影響。2. 調息（呼吸、語言）：息調出入、長短……變化的意義，因為呼吸兼具自主神經自動調節與意識調節的特性。

本文對於「調心」部分，可將從 3. 調自他「念」、4. 調苦樂「受」、5. 調順逆「想」等方面來討論，如此或可稱為禪修之「身心調和五事（身、息、念、受、想）」。

調「心」的關鍵：調「作意／念、受、想」

唯識學派對於心識作用的分類，首先將「觸、作意、受、想、思」歸於「五遍行心所」，這些是產生任何心識時，五種普遍生起之心理作用。其中第五項「思（思考、判斷）」之後，將引發外在之言語表達與行為表現，因而產生具體影響力。因此學習如實、如理的思考是「調心」的目標。

為達成此目標，我們需要了解有關「思」的產生歷程。首先，「觸」是境（對象）、根（感官）、識（認識）三者和合時所產生之作用。這是我們對身心與環境產生心識作用的起始點，有時雖可藉由適當環境、人際關係的選擇（戒律的學習）來調控，作為第一道防線，但由於「生老病死」與「愛別離、怨憎會、求不得」之無常性，讓眾生不容易有充分的自主選擇（無主宰性、無我性）。此時，「作意（注意）、受（感受）、想（認知）」之第二至四道防線，成為協助調控第五項「思（思考、判斷）」的關鍵。

此外，從「五蘊無我」的教義，也可知「作意、受、想」對於「調心」的重要性。因為若觀察五類身心組合（五蘊）：1. 色（身體）、2. 受、3. 想、4. 行（意志、思考、判斷）、5. 識（心識）等，不能發現另有可稱為「自我」的恆常不變實質。配合此觀察，佛教有「四念住」修習：於身、受、心（想、行、識）、法等四方面，讓「念」（巴利語 sati 或梵語 smṛti）安立（住）。

因為 sati / smṛti 兼具 memory（憶念、念念不忘、記憶力），以及 mindfulness（護念、念防護意、注意力）兩種涵義。所以，這也可讓我們了解：可將調「作意（注意；念）、受（感受）、想（認知）」作為調「心」的關鍵。特別是「作意、受」，因為此二者將影響「想」之「順逆、正負」認知或聯想的調控，再分述如下。

調念（作意）：調自他、生滅

拙文〈直觀無我：禪與心識的轉變〉（《人

生》雜誌 324 期，2010 年 8 月）曾引用國際著名的神經學家詹姆士．奧斯汀（James H. Austin）教授所說：我們有「自我中心」（egocentric，由上而下）與「他者中心」（allocentric，由下而上）之兩種注意系統。禪修者可抑制情緒性「自我中心」之視丘到皮質的共振活動，引發禪宗之「見性」經驗。此時，主格的「我」消融之時，可從「時間」的壓力中解脫；受格的「我」消融之時，則無有恐懼；所有格代名詞的「我」消融之時，可消除自他分別，體悟萬法平等一體。

這或許可對應到《大念處經》每階段禪修反覆觀察的四個步驟：1. 內（自）、外（他）、內外（自他）；2. 生、滅、生滅；3. 唯知與唯念；4. 無所依而住，不貪著世間，值得我們善用。

調受（感受）：調苦樂、上內

拙文〈愉悅羅盤：苦樂、善惡、上內〉（《人生》雜誌 2018 年 4 月）曾介紹美國約翰霍普金斯大學醫學院神經科學系教授大衛．林登博士之 *The Compass of Pleasure*（《愉悅之羅盤》）之「苦樂同功、善惡同源」重點。

因為痛苦與愉悅同具「顯著性」（salience；值得注意）功能，愉悅是心智功能的羅盤，指引我們去追求善與惡，痛苦則是另一個羅盤，猶如策動驢子的棍子與紅蘿蔔。不論是違法的惡習或道德作為（冥想、祈禱、捐獻），都會活化「內側前腦」愉悅迴路，具腦神經學上的一致性，都以愉悅為羅盤。

無著（約 395 ～ 470）、世親（約 400 ～ 480）菩薩所著《六門教授習定論》，提出禪修之「上緣」或「內緣」：觀察（愉悅與腦部聯想式學習的互動）初禪之離欲之身心之安靜、單純，捨棄感官愉悅之粗俗、複雜，昇華（上緣）到二禪、三禪、四禪等各種禪定樂。但若因而執著禪定樂，則是世間禪定。

若能觀察身心無常、無我，不執著禪定樂，因各種喜樂同源於腦部之愉悅迴路，體悟唯心所造（內緣），如此則可學習《中阿含經》「持戒（善行）→無悔→歡→喜→輕安→樂→定→如實知見→厭→離欲→解脫→解脫知見」之解脫道，以及利他為樂之菩薩道。

——— 原刊於《人生》雜誌419、420期（2018 年7、8月）

5 孔雀與鴻雁

承先啟後，鴻雁共行

法鼓山創辦人聖嚴法師自2006年9月退位後，由第二任方丈果東法師接位，再連三任，總計十二年，穩健推展如來家業。2017年底，法鼓山僧團啟動方丈敦聘委員會，歷經法定程序，敦聘果暉法師為法鼓山教團第六任方丈。

此次接任大典主題「承先啟後，鴻雁共行」，蘊含理想的團體合作「雁行模式」的意義：當雁鳥以V字隊形飛行時，因為空氣動力學原理，比單飛增加飛升能力；雁群輪流擔任領頭鴻雁，彼此以叫聲激勵，互相照顧扶持，發揮團隊精神。更重要的是表達佛典稱歎僧寶之解脫價值的詩句：「孔雀雖有色嚴身，不如鴻雁能遠飛；白衣雖有富貴力，不如出家功德勝！」對此「解脫欲樂」之新世紀的意義，有些小心得，野人獻曝。

現代人類更快樂嗎？

希伯來大學史學教授哈拉瑞（Yuval Noah Harari）之《人類大歷史：從野獸到扮演上帝》（*Sapiens: A Brief History of Humankind*），2012年以希伯來文出版，陸續翻譯成23種語文，深受全球各領域人士重視。作者提出如下議題：從大約兩百萬年前到大約一萬年前為止，地球其實同時存在多種不同的人種。但今日，為何只剩下智人（Homo sapiens，這也是本書書名sapiens的緣由）人種？且可繁衍發展為70億人口數？

哈拉瑞推測：認知革命（七萬年前，出現能描述非現實的語言）、農業革命（十二萬年前，馴化動植物，形成聚落）、科學革命（五百年前，承認無知，學習新能力）之三大革命，與三種（貨幣、帝國、宗教）「普遍秩序」（universal orders）是主要的原因。但是，作者也提出人生的基本問題：「我們真的更快樂嗎？」

人類的進步是可讓更多人類存活，但不一定讓人們更快樂。憂鬱症之盛行率約為5～20%，被聯合國世界衛生組織視為與癌症、愛滋病並列的新世紀三大疾病。哈拉瑞舉例：1969 年登上月球留下腳印的太空人阿姆斯壯，會比三萬年前於洞穴壁留下手印的史前人快樂嗎？因為快樂並不在於任何像是財富、健康，甚至社交之類的客觀條件，而在於客觀條件和主觀期望之間是否相符。如果你想要一匹馬，而你也得到一匹馬，會感到滿足；如果你想要一台全新的高級車，但只得到二手的國民車，就感覺不開心。

現代人雖然有豐足的食衣住行享受，或先進的鎮靜止痛藥，但我們愈期望能得到舒適和快感，則愈不能忍受不便和不適。因此，我們感受的痛苦程度，可能還高於我們的先人。

此外，社會的兩大支柱（大眾媒體和廣告業），很可能正在不知不覺地讓全球愈來愈不開心。假設你是五千年前、住在五十個人左右小村子裡的十八歲年輕人，你可能覺得自己好看而有自信。但如果你是活在今日的青少年，就算你是校花，也不一定開心，因為你比較的是電視、網路和巨型看板上的明星、運動員和超級名模。

孔雀（欲樂）與鴻雁（離欲）

哈拉瑞也引用腦神經科學：我們的心理和情感世界，其實是由經過數百萬年演化的生化機制所形塑。所有的心理狀態（包括主觀幸福感）並不是由外在因素（例如工資、社會關係或政治權利）來決定，而是由神經、神經元、突觸和各種生化物質（例如血清素、多巴胺和催產素）構成的複雜系統而定……人類演化的結果，就是不會太快樂，也不會太痛苦。我們會短暫感受到快感，但不會永遠持續；快感遲早會消退，讓我們再次感受到痛苦。

快樂，還有重要的認知和道德成分。價值觀不同，想法也就可能完全不同，例如有人覺得養小孩就像是個悲慘的奴隸，得侍候一個獨裁的小霸王，但也有人覺得自己真是滿懷著愛，正在培育一個新的生命。

哈拉瑞提出：佛教認為，快樂既不是主觀感受到愉悅，也不是主觀覺得生命有意義，反而是在於放下追求主觀感受這件事……大多數人都以為自己的感覺、想法、好惡，就組成了自己，但這是一大錯誤。他們感覺憤怒的時候，心裡想「我很生氣，這是我的憤怒」。於是這一輩子做的，都是想要避開某些感受，並追求另外某些感受。但他們從來沒有發現，苦真正的來源不在於感受本身，而是對感受的不斷追求。

因此，或許就如拙文〈身心健康「五戒」四句偈〉（《人生》雜誌 2011 年 9 月）之「三笑因緣」，配合佛教的「三法印、三三昧、三智果」的體悟與三種道來說明，其相關性如下圖：

諸行無常（無願三昧→厭）→知足常樂→解脫道。

諸法無我（空三昧→離欲）→助人快樂→菩薩道。

涅槃寂靜（無相三昧→滅盡）→寂滅最樂→涅槃道。

這也如上述佛典稱歎僧寶之解脫價值的詩句：「孔雀雖有色嚴身，不如鴻鴈能遠飛；白衣雖有富貴力，不如出家功德勝！」或許物質豐富如孔雀、追求欲樂感受的現代人類，也不容易體會離欲自在如鴻鴈、出家之「厭、離欲、滅盡」智果。

——— 原刊於《人生》雜誌422期（2018 年10月）

6 薪火相交，識性不停

敝人受邀擔任 2018 年底的法鼓山大悲心水陸法會「總壇」說法，在儀軌「序言」，敝人曾述：「法會期間，大眾至誠修習各種經藏與禮懺，以學習『諸惡莫作』；平等普施齋食供養十方法界聖凡，以學習『眾善奉行』；開啟自性大悲，增長無我智慧，以學習『自淨其意』，齊心祈願所有眾生究竟離苦得樂，建設人間淨土。」若根據南宋《佛祖統紀》卷 42：「中書舍人白居易（772 ～ 846）知杭州。往問道（如何是佛法大意？）於鳥窠禪師。師曰：『諸惡莫作，眾善奉行。』居易曰：三歲孩兒也恁麼道？師曰：三歲孩兒雖道得，八十老翁行不得！居易服其言，作禮而退。」

斷惡修善與「根、境、識」利害無常

所謂「三歲孩兒雖道得，八十老翁行不得」的原因為何？我們或許可以從「鳥窠禪師」名號來源記載得知：「……後見西湖之北秦望山有長松，枝葉繁茂，盤屈如蓋，遂棲止其上。故時人謂之鳥窠禪師。有鵲巢於側，人又曰鵲巢和尚。至是元和間，白侍郎居易由中書舍人出刺杭州。聞師之道，因見師棲止巢上，乃問曰：師住處甚險？師曰：太守危險尤甚。曰：弟子位鎮山河，何險之有？師曰：薪火相交，識性不停，得非險乎？」鳥窠禪師對於一般眾生乃至「八十老翁也難斷惡修善」之原因「薪火相交，識性不停」危險性的佛法意涵，我們無法確知。但或許可從《諸法集要經》卷 3：「諸天著五欲，如火益乾薪，火性本熾然，無足亦如此。是六根熾火，無始常燒然。」用例來詮釋。

對於「根、境、識」的關係，《雜阿含經》卷 8（214 經）說：「爾時，世尊告諸比丘：有二因緣生識，何等為二？謂眼色、耳聲、鼻香、舌味、身觸、意法，如是廣說，乃至非其境界故。所以者何？眼、色因緣生眼識，彼無常、有為、心緣生。色若眼、識，無常、有為、心緣生，此三法和合觸，觸已受，受已思，思已想。此等諸法無常、有為、心緣生，所謂觸、想、思。耳、鼻、舌、身、意亦復如是。」眾生的認識作用，不能獨自存在，要依於感官（根，以「火」為譬喻）與對象（境，以「薪」為譬喻）的因緣，猶如「薪火相交、光熱不停」，因而「根境相交，識性不停」無常相續；也猶如「薪火相交、光熱不停」能量之利害性，「根境相交，識性不停」心識力量之利害性，故說：「得非險耶？」

避苦趨樂、離苦得樂

因為由眼色等根境而引發眼識、耳識、鼻識、舌識、身識、意識等六識，產生的種種心識作用：六觸、六受、六想、六思之利害性。其中，眼受、耳受、鼻受、舌受、身受、意受（六種感受）是六種認識感官與對象接觸之後，所產生的攸關生存與繁衍之「避苦趨樂」生理本能，讓我們引發各種言語與行為來追求。若是帶來「自利利人」的福樂，則是善法；反之，「害人害己」的罪苦，則是惡法。

對於心識力量之「利害、善惡、苦樂」，《法句經》云：「心為法本，心尊心使，中心念

『惡』，即言即行，罪『苦』自追，車轢于轍。心為法本，心尊心使，中心念『善』，即言即行，福『樂』自追，如影隨形。」可見這種「明辨善惡」智慧之「離苦得樂」是佛法，讓我們不會盲從於「避苦趨樂」生理本能而「不辨善惡」。

明辨善惡之離苦得樂

此外，如拙文〈孔雀（欲樂）與鴻雁（離欲）〉（《人生》雜誌 2018 年 10 月）引用哈拉瑞（Yuval Noah Harari）之《人類大歷史：從野獸到扮演上帝》（*Sapiens: A Brief History of Humankind*）所述腦神經科學：

> **我們的心理和情感世界，其實是由經過數百萬年演化的神經系統與各種生化物質（例如血清素、多巴胺和催產素）所形塑……人類演化的結果，就是不會太快樂，也不會太痛苦。我們會短暫感受到快感，但不會永遠持續。遲早快感會消退，讓我們再次感受到痛苦。……佛教認為，快樂既不是主觀感受到愉悅，也不是主觀覺得生命有意義，反而是在於放下追求主**

觀感受這件事……於是這一輩子做的，都是想要避開某些感受，並追求另外某些感受。但他們從來沒有發現，苦真正的來源不在於感受本身，而是對感受的不斷追求。

因為追求快樂之黑暗面——成癮，例如藥物成癮之耐受（需求量增強）、依賴與渴求，快樂被欲望取代，喜歡（liking）減弱變成需要（wanting），乃至無法自拔。這是盲從於「避苦趨樂」生理本能而「不辨善惡」的危險性，誠如《大丈夫論》卷2所述：「一切眾生皆同一事，皆欲離苦得樂。」但什麼是佛法「明辨善惡」智慧之「離苦得樂」？或許可參考拙文〈身心健康「五戒」四句偈〉（《人生》雜誌2011年9月），配合佛教的「三法印」（諸行無常、諸法無我、涅槃寂靜）的體悟與三種道來說明，如下所示：

諸行無常→知足常樂→解脫道

諸法無我→助人快樂→菩薩道

涅槃寂靜→寂滅最樂→涅槃道

———原刊於《人生》雜誌431期（2019年7月）

7

「唯知、唯憶念」與「唯識」

2017 年 5 月 20 至 21 日，敝人受邀參加香港中文大學「禪與人類文明研究中心」（廣東省六祖寺贊助）主辦的「佛教禪修在各種傳統和不同學科領域的理論與實踐」國際研討會，有美國、英國、德國、加拿大、泰國、斯里蘭卡、緬甸、新加坡、澳大利亞、中國等 10 個國家、24 名學者發表論文。兩天研討會之後，邀請緬甸禪師主持「禪修工作坊」，讓與會者實際體驗禪修。

2012 年開始招生之法鼓文理學院佛教學系博士班，是以「佛教禪修傳統與現代社會」為發展特色，每兩年定期舉辦此類的主題國際研討會，這也是我參加這次香港研討會的原因。此次，我所發表的論文 *An Examination of the Meaning of "Mātra" in Relation to Buddhist Meditation in the Yogācāra School*（〈瑜伽行派「唯」之禪修意義考察〉），是將我過去多年來，所探索的某個禪修體系問題，作突破性的綜整。因此，對我個人佛法的理解或者實踐都很有意義。

「唯知、唯憶念」之意象純度

拙文探討《瑜伽師地論・聲聞地》之「相似」（ālambana，禪修對象）之「唯智、唯見、唯正憶念」、《大乘莊嚴經論》之「唯名、唯識」，與《大念住經》之關鍵禪修層面「唯知、唯念」的關係，依此可以達成解脫。

敝人對此研究，可以追溯到 1992 年，我所通過之博士論文是有關《瑜伽師地論・聲聞地》所緣（禪修對象）之研究，提到：瑜伽師（禪師）的修行次第是以 1. 相稱（anurūpa）緣：「淨行、善巧、淨惑所緣」為始，以矯正各類型個性與習性的偏差；其次觀察 2. 相似（pratirūpa）緣（有分別影像、無分別影像）等心中所浮現的影像（pratibimba）、（令心）寂靜；進而，當 3. 於緣無倒（事邊際性）之際、如實地令心安住；最後，從粗重的消滅到轉換成輕安，即證得所謂「轉依」（身心轉換）的 4. 不捨靜慮（所作成辦）之結果。其修行順序如下圖所示：

1. 相稱緣——（所知事，jñeya-vastu）→B淨行、C善巧、D淨惑所緣

2. 相似緣——（所知事同分影像）有分別影像、無分別影像

3. 於緣無倒——（如所有性、盡所有性）事邊際性

4. 不捨靜慮——（轉依等）所作成辦

（2–4 —A 遍滿所緣）

其中，「相似」所緣是敘述禪修者將所學習的意義或意象，依於專注之「勝解、信解」（adhimokṣa）作用，各種所修的對象（所應該知道的事理）雖然不現存於眼前，此人卻能生起「唯智（jñāna-mātra）、唯見（darśana-mātra）、唯正憶念（pratismṛta-mātra）」之「相似」對象、或同分「影像」，有別於五識之藉外在感官所認識的外界對象，是屬於意識之作用對象（或簡稱「意象」），如此把握意象之鮮明度和純粹性，可讓「五蓋」（貪欲、瞋恚、昏沉、掉悔、疑）次第鎮伏，止息煩惱，生起禪定。

「內、外、俱」三所緣與「唯名、唯識」

2016年底，我發表論文〈瑜伽行派之「內、外、俱」三所緣與「唯識」觀〉，提出以下觀點：

（一）《大乘莊嚴經論》對於「內、外、俱」所緣，與《大念住經》13次「反復」（refrain）段落第一個關鍵層面「內、外、俱」有關，但是其解釋不是如傳統佛教注釋書，將「內在的」與「自身」對應、「外在的」與「他人」對應、「內外俱」與「自他」對應，而是將「內」所緣注解為「六內處」（眼、耳、鼻、舌、身、意）或「五蘊」（色、受、想、行、識）、「外」所緣注解為「六外處」（色、聲、香、味、觸、法）的看法，更進一步開展具有瑜伽行派特色的「能取（內）、所取（外）、真如（俱）」之三所緣，並且與瑜伽行派「煖、頂、忍、世第一法」之四種「順決擇分」（轉凡成聖的關鍵）結合。

（二）《大念住經》「反復」之第三個關鍵層面「ñāṇa-mattāya paṭissati-mattāya」（「唯」為了「知與持續性念」之故＝唯知、唯念），或許可讓我們聯想到，與《大乘莊嚴經論》之〈求法品〉（11品）第5詩頌「nāmni sthānāc ca cetasaḥ」之

「安心唯有名」（nāman）的「名」是「非物質性」之「受、想、行、識」之四蘊的關係。因此，唯「名」（受、想、行、識）＝唯言說而無有境→唯「識」；「境」（所緣、所取）無體→「識」（能緣、能取）也不可得＝解脫的修行過程，也很類似《大念住經》之「唯知、唯念」→「無所依而住，不再貪著世間之任何事物」之解脫過程。

「唯知、唯憶念」與「唯識」觀

2017年初，我發現《大念處經》的「唯知、唯念」之關鍵層面，也與上述〈聲聞地〉「唯智、唯見、唯正憶念」之相似對象、或同分影像有關。因此，大乘佛教的瑜伽行派所提出「唯名→唯識」之禪修過程，可說是與「唯智、唯見、唯正憶念」之相似對象（影像、意象）有關。所以，時時刻刻觀照觸景生情之「意象、影像」，這是關鍵（唯），消除「所緣、所取」（外境）的分別心→消除「能緣、能取」（內識）分別心，因而體悟眾生平等性（真如），捨智頓刻圓融，悲願油然湧現。

——原刊於《人生》雜誌407期（2017年7月）

chapter 2

生 命 擂 台

死亡品質指數與存在的苦惱

1

臺灣人之死亡品質指數：亞洲排名第一

敝人曾發表過〈生命細胞之生死觀：善終的多樣性〉（《人生》雜誌 331 期，2011 年 3 月），提到：安寧緩和療護（hospice and palliative care）是以讓癌末等重症末期患者得到「善終」（good death）為主要目標，不同的文化背景對於所謂「善終」或許會有差異的觀點。

2010 年，《經濟學人》智庫（The Economist Intelligence Unit）評估 40 個國家之人民可獲得的安寧緩和療護的可用性、可負擔性和品質，評比五類、二十項指標，作為「死亡品質指數」（Quality of Death Index）；臺灣是第 14 名，亞洲排名第一。2015 年的評比國家增至 80 個，臺灣上升到第 6 名，亞洲排名第一。這或許是我們值得珍惜與分享的臺灣軟實力，因為各國政府努力改善公民的生活時，也須考慮如何提昇死亡品質。

所謂「五類指標」是：1. 緩和醫療的環境、2. 人力資源、3. 可負擔性、4. 療護品質、5. 社區參與。臺灣於 2000 年實施《安寧緩和醫療條例》（2002 年修訂），賦予人民可以預立意願書，表達臨終時「拒絕心肺復甦術」（Do Not Resuscitate, DNR）的權利，讓末期病人可避免「無效醫療」的痛苦，例如：「心肺復甦術」（Cardiopulmonary Resuscitation, CPR）或「延命措施」（葉克膜、升壓藥物、血管輸液、鼻胃管等），也減少醫療資源浪費，此預立意願與死亡品質密切相關，值得推廣，自利利人。

非癌之重症末期病人

此外，臺灣的健保局於 2000 年開始，提供癌末病患之安寧療護住院服務「論日計酬」支付標準；2003 年新增「運動神經元疾病病患」（俗稱漸凍人）；2009 年再新增八類符合入住安寧療護病房之重症末期患者：「老年期及初老期器質性精神病態」、「其他大腦變質」、「心臟衰竭」、

「慢性氣道阻塞，他處未歸類者」、「肺部其他疾病」、「慢性肝病及肝硬化」、「急性腎衰竭，未明示者」及「慢性腎衰竭及腎衰竭，未明示者」等八類，擴大安寧緩和醫療服務範圍。

2017年12月2日，臺灣臨床佛學研究協會學術研討會暨會員大會時，有幸聆聽臺大醫院家庭醫學部主治醫師程劭儀醫師對於國際安寧療護文獻回顧的報告，獲益匪淺。其中，介紹加拿大喬奇諾夫（Harvey Max Chochinov）教授於2016年的研究「四種非癌症病人的臨終尊嚴和痛苦」（Dignity and Distress towards the End of Life across Four Non-cancer Populations），其目的是描述和比較「晚期肌萎縮性脊髓側索硬化」（ALS，俗稱漸凍症）、慢性阻塞性肺病（COPD）、終末期腎病（ESRD，慢性腎功效衰竭尿毒症，須洗腎或移植）患者、照護機構之衰弱老人等四種非癌症群與尊嚴相關的痛苦發生率和模式，增進我們對於非癌症病人、衰弱老人之身心痛苦的了解，提升自他的預防與照顧的知能。

存在的苦惱

此研究歷程從2009年2月至2012年12月，召募了404名參與者（四種非癌症病人各約100名），用相關標準化量表與病人尊嚴量表（Patient Dignity Inventory, PDI）作為評量工具。對此研究，程劭儀醫師特別提醒的是，在「存在的苦惱」（existential distress）有關「期盼死亡」（desire for death）與「自殺念頭」（suicidal ideation）的百分比，如下表：

	漸凍症 ALS	慢性阻塞性肺病 COPD	終末期腎病 ESRD	衰弱老人
期盼死亡	2.92%	2.03%	1.04%	7.91%
自殺念頭	0	0	5.91%	0

從衰弱老人7.91%有「期盼死亡」的數據，顯示老人似乎不特別害怕未來，對於期盼死亡也許表示準備死亡的心態，這與大多數研究證據一致，即年輕人對死亡的恐懼程度較大，隨著年齡的增加而下降。

終末期腎病患5.91%有「自殺念頭」的數

據，也是唯一包括中度至重度自殺意念的患者群。此患者群（須洗腎或移植）雖有少許抑鬱症或喪失希望，但有最高數量的合併症和顯著的症狀負擔，表示其自殺意念可能是來自生理性痛苦，而不是心理因素。

這也讓我們體會到臺灣的健保局，將各種非癌之重症末期病人納入安寧療護的好意，但是國人似乎還沒有善用，因為根據 2011 年統計，臺灣之癌末患者接受安寧緩和醫療比例已達四成，但是，其他非癌症末期病患使用安寧緩和醫療比例卻僅及 0.4%；特別是 65 歲以上老人族群中有四分之一以上死於癌症，另四分之三是因器官老化、生理機能衰退，包括心肺衰竭、失智等，未有適當的安寧緩和醫療資源協助，值得改善。

此外，程劭儀醫師也提到過去所謂「靈性困擾」（spiritual distress），現在比較多用「存在的苦惱」。這也讓我想到過去曾提到：在西方安寧療護運動時，為了避免一般人對宗教的抗拒，或避免妨害信教自由之嫌，故採用「靈性照顧」來協助靈性困擾。敝人則參考佛教《四念處經》提出「覺察性照顧」（care of mindfulness），使「覺察性」（念）安住於自他的身、受、心、法等四方面。此法門不僅是可導向體會真理（法）的修習，也常用於淨化臨終者的心念。依現實身心「存在」經驗為觀察對象，比較不會為體驗「離」身心之靈性，而追求「通靈經驗」，為「靈媒」所惑，受制於人，有時會遭遇騙財騙色之危險。

——— 原刊於《人生》雜誌413期（2018年1月）

善終準備：人生會議與人生期末考

2

拙文〈臨終自知時至，身無病苦，心不貪戀〉（《人生》316 期，2009 年 12 月）曾提到，宋代慈雲遵式法師所撰的迴向發願文：「……若臨命終，自知時至，身無病苦，心不貪戀，意不顛倒，如入禪定……」是佛教徒的生死規畫願景。為了實踐此理想，除了念佛、清淨身口意業之外，養成終身學習與身心健康習慣，是值得我們學習的生活形態。

從《安寧緩和醫療條例》到「病人自主權利法」

此外，拙文〈死亡品質指數與存在的苦惱〉（《人生》雜誌 2018 年 1 月）曾介紹臺灣於 2000 年實施《安寧緩和醫療條例》（2002 年修訂），賦予人民可以預立意願書，表達臨終時「拒絕心肺復甦術」（DNR）的權利，讓末期病人可避免「無效醫療」的痛苦，例如：「心肺復甦術」（CPR）或「延命措施」（葉克膜、升壓藥物、血管輸液、鼻胃管等），也減少醫療資源浪費。

2019年1月6日，臺灣正式實施亞洲第一部《病人自主權利法》，更進一步讓我們對於病情、醫療等各選項之可能成效與風險預後，有知情之權利，以及對於醫師提供之醫療選項有選擇與決定之權利。

民眾只要年滿20歲、為完全行為能力人，可至相關服務的醫療院所，由醫師、護理師、心理師或諮商師等人協助，提供當事人與至少一名二等親內親屬，或指定醫療委任代理人，進行「預立醫療照護諮商」（Advanced Care Planning, ACP），簽署「預立醫療決定」（Advanced Decision, AD），並註記於健保卡。

簽署人未來若符合1. 末期病人（原《安寧緩和醫療條例》適用），更擴大範圍至2. 不可逆轉的昏迷狀態、3. 永久植物人、4. 極重度失智或5. 其他中央主管機關公告的重症等狀況時，就能依照自訂的醫療決定，接受或拒絕維持生命治療或人工營養及流體餵養之全部或一部分，走完人生最後一程。

人生會議

日本雖然還沒實施《病人自主權利法》，但對於「預立醫療照護諮商」（ACP）積極推廣。在 2018 年 8 月公開募集暱稱，有 1073 件參選，經過相關領域專家們評審，於 11 月 30 日公布「人生會議」為暱稱，希望民眾能多認識此議題，以日常會話、餐桌、家庭會議等各種方式，反覆與家族、醫護人員協商，以便知情、選擇與決定。

人生期末考

在臺灣，安寧療護專業醫師朱為民出版的《人生的最後期末考——生命自主，為自己預立醫療決定》，以各種實例提出如下的題目：

第 1 題：無法由口進食的時候，你會做什麼選擇？

第 2 題：得到重病的時候，會想知道自己的

病情嗎？

第3題：到了生命的盡頭，會想接受維持生命的治療嗎？

第4題：什麼樣的情況出現，讓你覺得生命已走到了盡頭？

第5題：心中對生命盡頭的醫療有什麼想法？

第6題：如果已經做好了預立醫療決定，會告訴誰？

第7題：需要長期照顧時，想住在哪裡？

第8題：想找誰做醫療委任代理人？

第9題：希望後事如何安排？採用何種儀式？如何安葬？

最終考題：有沒有哪些人生尚未完成的心願？最想跟親愛的家人說些什麼？

幫助我們解說人生最後可能會面臨的考題，做好「預立醫療決定」（AD）。

人工營養及流體餵養之案例

在書中，朱醫師敘述失智又中風的沈爺爺會

自拔鼻胃管，因而雙手被保護手套與棉繩固定於病床欄杆，但還是會乘機自拔。有次，朱醫師為他重插管，病人抗拒，因而管子刺激鼻腔和咽喉，引發咳嗽反射，咳到眼淚直流，眼神憤怒瞪著醫師。奶奶看到她先生這樣，也忍不住掉眼淚，跟旁邊的女兒說：「我們不要放了好不好，他以前就很不喜歡鼻胃管，他好辛苦、好辛苦……」女兒挽著媽媽的手，看起來也很難過。但是，兒子則大聲地斥責奶奶：「說這什麼話！不放管子怎麼吃東西！怎麼會有營養！醫師，你不要聽她的。」朱醫師無奈只能繼續重插管，但病人不斷扭頭拒絕配合，兒女只好合力固定病人頭部，好讓醫師插管，如此奮戰 90 分鐘才完成。

病情告知之「人生考題」

朱醫師提到：根據調查，九成以上的民眾希望在罹癌的時候被告知病情。臺灣每年將近 10 萬人被診斷出癌症，但常見隱瞞病人真實病情。問原因，大多回答：「哎呀，醫師你不知道，爸爸很脆弱，萬一被他知道了，會崩潰！」或是「唉呦，醫生，媽年紀這麼大了，平常腦筋就迷迷糊糊的，說也沒有用啦！跟我說就好，我來處理。」

但「隱瞞病情」會有三大問題：

1. 難與病人討論身後事，例如財產規畫、後事交代……未來可能是家族的紛爭來源。

2. 不敢問病人最後的醫療決定，如插管、電擊、壓胸……若等病人昏迷，家屬們如何做適當的決定？

3. 病人無法善用有限時間，完成一些未了心願，以及向家人道謝、道歉、道愛和道別。

因此，我們應適時進行「人生會議」（ACP）與「人生期末考」（AD），減少無效醫療，改善醫病與家族關係，做好善終準備，自利利人。

——原刊於《人生》雜誌428期（2019年4月）

晝夜作息與生死自在

3

對於敝人常提倡的「身心健康五戒：微笑、刷牙、運動、吃對、睡好」之「睡好」，拙文〈睡好與止觀雙運〉（《人生》雜誌 371 期，2014 年 7 月）曾介紹若因鬧鐘叫醒而縮短「快速動眼睡眠」期、不規律的睡眠與睡眠剝奪，會損傷記憶、注意等與學習有關的能力，所以我們應當養成「早睡自然醒」的習慣，以及運用「止觀雙運」的禪修原則來培養此生活作息。

睡眠負債的時代

1971 年，美國史丹佛大學威廉．德蒙特（William Dement）教授開設「睡眠與夢（Sleep and Dreams）」課程，1997 年提出「睡眠負債」（sleep debt）的警訊（https://goo.gl/FNLMpc），

意指長期睡眠不足的狀態有如借錢負債，若沒有改善，影響個人健康、生活與工作質量（威廉・德蒙特的學生所設立課程網站述：https://goo.gl/yNnzLF，有生動的描述）。

近年來，大家也關切到睡眠負債對社會整體的損失。例如：NHK 特集（2017 年 6 月 18 日，https://goo.gl/F7OgjN）將其視為日本社會的潛藏危機。因為在 2017 年抽樣約 25 萬人的調查顯示，平均睡眠時間為 5 小時 58 分，其中有 20％左右的國民處於睡眠健康高風險族群。根據《朝日新聞》，日本因為國民睡眠不足所導致的經濟損失，最高約占年度 GDP 的 3％，高達 15 兆日圓（約新臺幣 4,359 億），為世界先進國家的「睡眠負債大國」。

《國家地理雜誌》（2018 年 8 月，第 201 期）「重啟大腦：睡眠如何讓腦細胞重生」提到：「哈佛醫學院睡眠與認知中心主任羅伯特・史迪葛德（Robert Stickgold）說：『我們似乎活在一個全球規模的實驗中，目的是看睡眠不足會有怎樣的負面結果？』以臺灣人為例，平日的睡眠時間平均不到 7 小時，更有十分之一的人口受慢性失眠所苦。在我們這個燈火通明的不夜社會，我們經常把睡眠視為敵人，認為睡眠會剝奪我們的生產力和玩樂時間……整夜好眠現在和手寫書信一樣，既罕見又過時。我們似乎都在抄捷徑，碰上失眠就用安眠藥來克服，哈欠不斷就猛灌咖啡來解決，將我們本應每晚踏上的曲折旅程拋諸腦後。」

我們若能多了解睡眠科學，善體驗亙古演化之生理時鐘（晝夜作息）循環習性，有助於身心健康乃至「涅槃寂靜→寂滅最樂→涅槃道」生死自在的學習。

晝夜作息與身心健康

睡眠與清醒的交替模式，是人類與大多數生物在此繞日自轉（產生晝夜變化）地球而演化出的習性。2017 年諾貝爾醫學獎頒給了三位科學家，他們在 1980 和 1990 年代的研究，發現生物細胞中的週期基因（PER），藉由生成 PER 蛋白質進行負回饋調控：當 PER 蛋白質夜間積蓄增多，則抑制 PER 基因；若 PER 蛋白質白天被代謝分解而濃度降低，則 PER 基因再次啟動。此生物細胞裡產生與太陽同步的分子（基因——蛋白質）的生理時鐘循環生滅週期大約是 24 小時。

此生物亙古演化之生理時鐘若與日夜循環相合，腦部之中樞生理時鐘（central clocks）分泌褪黑激素，傳達夜晚來臨的信號，且身體各種系統（周邊生理時鐘，peripheral clocks）也配合，大腦神經元則同步運作而轉向睡眠世界。但此由太陽光設定的生理時鐘，在現代社會卻容易被人造光（特別是藍光，例如電子螢幕）打亂而延後睡眠機制。

因此，上午接觸些陽光（藍光會提升活力、心情舒暢），白天適時工作與運動（例如：25 分鐘工作時程後之原地跑步運動 5 分鐘）以培養晚上的睡意，飲食規律，善用午間小休息但避免超過 20 分鐘（因為會減輕晚上睡意或進入晚上睡眠模式）；不熬夜工作（避免晚於 10 點就寢），睡到自然醒，晚上避免咖啡因或酒類飲料（酒精會中斷睡眠之快速動眼期，破壞做夢），睡前避免看電子螢幕或處於強光或五光十色的環境；體溫下降是入睡的要素，室溫維持 18 至 26 度，熱水澡至少在睡前 30 分鐘洗，如此的晝夜作息節奏是促進身心健康的生活習慣。

最近的研究顯示，當此晝夜節奏被打亂，將增加罹患糖尿病、心臟病及失智症的風險。有研究顯示，醒時的神經元緊靠一起，但睡時部分腦細胞縮小 60％，使神經元間空隙變大，成為細胞代謝廢物（主要是 β- 澱粉樣蛋白）的丟棄場，此廢棄物會阻礙神經元間的溝通，和阿茲海默症有密切關聯。只有在睡眠時，脊髓液才能像清潔液一樣沖刷這些變寬的腦內通道，把 β- 澱粉樣蛋白洗掉。

晝夜作息與涅槃寂靜

白天隨緣盡分「『圓』滿諸德，『寂』滅諸惡」（圓寂＝涅槃），睡前 5 分鐘列出待辦事項，心無罣礙，容易體會《大般涅槃經》等經典「諸行無常，是生滅法，生滅滅已，寂滅為樂」法義，如實觀察晝夜剎那生滅無常，證悟無我、寂滅空性，每晚學習「涅槃寂靜→寂滅最樂→涅槃道」的體證。

因為，猶如晝夜的生理時鐘節奏，我們從「生老病死」的生命節奏，也能體悟無常、無我，每晚學習放捨「虛實」世界的怨親、苦樂、好惡，才有可能鍛鍊布施生命（最難捨的擁有）能耐；每夜學習歡喜入睡與做夢，才有可能累積面對死亡（最徹底的睡夢）經驗。

———原刊於《人生》雜誌 426 期（2019 年 2 月）

4 睡眠四階段與四禪

拙文〈晝夜作息與生死自在〉(《人生》雜誌 2019 年 2 月)提到：於「睡眠負債的時代」，我們若能多了解睡眠科學，善體驗亙古演化之生理時鐘(晝夜作息)循環習性，有助於身心健康乃至「涅槃寂靜→寂滅最樂→涅槃道」生死自在的學習。於本文，希望大家多欣賞「睡眠腦波交響樂」，善體驗睡眠深淺四階段與禪定四個階段的對比，或許有助於兩者的相互增益。

《國家地理雜誌》(2018 年 8 月，第 201 期)「重啟大腦：睡眠如何讓腦細胞重生」專題文章提到：「在我們這個燈火通明的不夜社會，我們經常把睡眠視為敵人，認為這種狀態會剝奪我們的生產力和玩樂時間……若一夜好眠，我們會往復經歷睡眠的數個階段，每個階段都有明確的特質和目的，如此循環 4 到 5 次(每個循環約 1.5 小時，請參考下圖），經過蜿蜒又夢幻的旅程下沉至一個不同的世界。」睡眠的階段分為「非快速動眼期」與「快速動眼期（Rapid Eye Movement, REM）」；前者以睡眠深淺度分四階段（2007 年，美國睡眠醫學會將第三、第四階段合為一階段，成為三階段），後者是生動鮮明的夢境發生的階段。

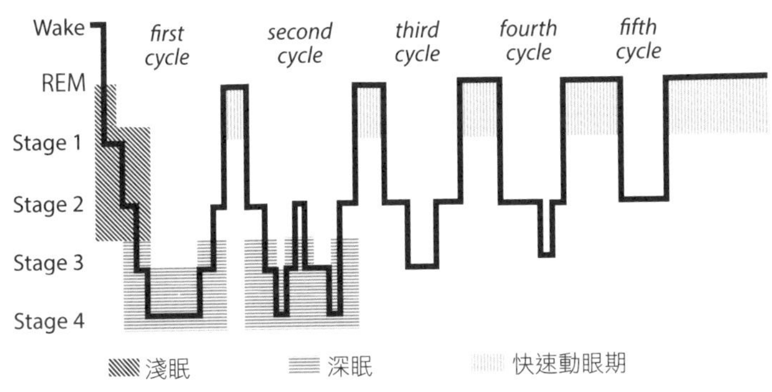

根據國立臺灣大學睡眠實驗室網站（https://goo.gl/pB2ugj）上圖所示，常人在第四階段之後，回到第三階段、第二階段，不會回到容易被吵醒的第一階段，直接進入快速動眼期睡眠，形成一個循環。前半夜以深度睡眠為主角，後半夜以 REM 做夢期為主角。

腦波交響樂

所謂「睡眠深淺度」可從腦波的變化觀測。大腦約有透過電流和化學訊號相互溝通的860億個神經元，若將它比喻為一隻隻發出「唧唧叫聲」的蟋蟀，以不一樣的節奏同步成「腦波交響樂」。我們清醒時，Beta（β）波（16-31 Hz）是主要的節奏背景，猶如高音的唧唧聲；深睡時的節奏背景則猶如緩慢低音大提琴 Delta（δ）波（0.1-3 Hz）。介於上述兩者之間的是清醒卻放鬆狀態的 Alpha（α）波（8-15 Hz），以及淺眠的 Theta（θ）波（4-7 Hz）。

睡眠第一至第二階段

若α波低於50％，以θ波為主是第一階段（可能持續5分鐘），表示腦活動已經轉向內在世界，感官接受器受到抑制，進入睡眠。接著一連串約每隔5秒出現一次、持續半秒的紡錘波（12-15cps），從腦的深處（視丘）往上傳到大腦皮質（主管語言和意識），防止我們被周遭噪音吵醒，睡眠則已進入第二階段。紡錘波能整合海馬迴中的尖銳漣漪波（sharp-wave ripple），漣漪波會和記憶重新播放同時出現。

睡眠的慢波像是管弦樂團的指揮家，整合了睡眠紡錘波和尖銳漣漪波的步調，不只是記憶重新活化的神經基礎，也可改變神經元的連結以強化記憶。當我們多了解睡眠中的大腦神經生理交響樂結構，則可了解人類藉由〈搖籃曲〉的律動或搖晃動作來幫助嬰兒入睡的道理。

睡眠第三至第四階段

接著是類似昏迷狀態的深層睡眠，肌肉完全放鬆，心智活動處於最低程度，出現猶如緩慢低音大提琴 δ 波，若出現的時間為 20％至 50％是第三階段，若超過 50％則是第四階段。深層睡眠可以調整我們的生理機能，其重要性猶如食物，因為大部分的生長激素是細胞在深層睡眠時所製造，它維護骨頭和肌肉。此時段有維持健康的免疫系統、體溫及血壓、調節情緒的作用，也可減少罹患失智症的風險。

如同哈佛醫學院神經學教授湯瑪士．史甘莫（Thomas Scammell）說：「維持清醒很耗精力，你必須到外面贏過其他生物，才能生存下去。結果是你需要休息時間協助細胞的復原。」

禪定之四個階段：
苦樂次第盡　漸離於分別

佛教的觀點，睡夢與禪定都是屬於「獨頭意識」，不同於與五種感官（眼、耳、鼻、舌、身）之認識同時生起、協助前五識明了辨別對象之「五俱意識」。

若能調攝身心，產生如《中阿含經》卷 10〈習相應品〉所說：持戒→無悔→生〔歡〕悅→〔心〕喜→止（身安；輕安）→樂→〔心〕定（一心）之相因次第。如此「輕安」與「一心」展轉互相增長，成為良性循環，因「尋伺知覺、苦樂感覺」的平等化、中性化深淺度不同，分為四種禪定。

若是有穩定的尋、伺覺察追求感官欲望的過失，離欲、惡不善法產生喜樂，則是初禪（離生喜樂定）階段。離欲之後，若尋、伺也不需要，內等淨故，心定一趣故，從定產生喜樂，則是第二禪（定生喜樂定）階段。離開躍動性的喜，住捨、念、正知，及樂身正受，則是第三禪（離喜妙樂定）階段。若能遠離樂，不苦不樂，則是第四禪（捨、念清淨定）階段。

對於禪定之腦波狀態，長庚醫院榮譽副院長朱迺欣醫師《打坐與腦——打坐的腦中腳印》第五章第四節〈打坐的腦波研究〉提到：當我們的注意內轉時，α 波（清醒卻放鬆狀態）出現同步化；額葉中線 θ 波出現是放鬆的專注狀態。在資深禪師，θ 波側化到左前額葉，似與正面情緒增加有關。Gamma（γ）波（32-100Hz）震盪（oscillation）和同步化，可能與認知程序有關、表示專注注意（focused attention）的狀態等。

———原刊於《人生》雜誌427期（2019年3月）

5 《流浪者之歌》與睡夢

2018 年 12 月 16 日，敝人受邀參加大愛電視台《青春愛讀書》單元的錄影，有 12 位高中學生與 2 位大學生分享《流浪者之歌》讀書心得。此節目於 2019 年 7 月 27 日電視首播。敝人過去閱讀是關注於書中「觀河聽水」之大化之流、萬法一如的《流浪者之歌》，最近則開始注意到書中「睡夢」與生命樂章的關係，因此野人獻曝，就教方家。

赫塞與《流浪者之歌》

1946 年諾貝爾文學獎得主、德國作家赫爾曼．赫塞（Hermann Hesse, 1877 ～ 1962）於 1919 至 1922 年間，創作 *Siddhartha: An Indian Tale*《悉達多——印度的詩》，但以《流浪者之歌》書名為華人所熟悉。作者藉釋尊出家以前的名字「悉達多」，描述一個求道者之親情、友情、愛情、學習、財富、生死之歷程。

赫塞的祖父母和父母都曾在印度傳教，祖父是傑出的印度語言學家，父親寫過有關老子的書。他本身研究基督教、猶太教、古印度的《奧義書》、佛教、孔子、老子、禪、柏拉圖、中世紀的神祕主義、歌德、尼采、杜思妥也夫斯基等作品，並以之為自己創作的泉源。

睡夢中安住自我

《流浪者之歌》第一章提到印度婆羅門教的核心思想：「聖典裡面有許多美妙詩頌，尤其是《娑摩吠陀奧義書》，論及此內在終極之存在：『汝之心靈即宇宙。』」又說：「一個人在深睡中，將遇見其內在深處而安住於『自我／心靈』（ātman）中。」因為，《布利哈德奧義書》將精神狀態依照「自在、恆常」（自我的本質）的差異性，分為如下四種狀態（四位）：1. 清醒狀態（buddhānta），感官容易受到外境的刺激而反應，不容易自在；2. 睡夢時（svapnānta），受夢境影響，也不自在；3. 熟眠位（samprasāda），仍可被喚醒，也不完全自在；4. 死位（mṛta）雖不被現時之業力喚醒，但不出生滅無盡之生命輪轉。假如修行者能了知「我即是梵」，藉由冥想或禪定，進入近似熟眠位或死位的狀態，可達到「梵我合一」的體驗。

禪觀身心無常、非我

佛教認為：睡夢與禪定都屬於「獨頭意識」，不同於與五種感官（眼、耳、鼻、舌、身）之認識同時生起、協助前五識明了辨別對象之「五俱意識」（一般的清醒狀態）。若能持戒無悔、歡喜輕安，因「尋伺知覺、苦樂感覺」的平等化、中性化深淺度不同分為四種禪定。但是佛教禪修不是為了「梵我合一」的體驗，是如《雜阿含經》卷 1 所說，為正觀身心（五蘊：色、受、想、行、識）無常、苦、空、非我而生厭離（對於欲望的警覺性），因而不貪著而心解脫。

善用睡夢與禪定「反思、整合」訊息

如上所述，婆羅門教或佛教都能善用睡夢與

禪定，而遠離感官易受誘惑的一般清醒狀態，但現代生活則如《國家地理雜誌》（2018 年 8 月）「重啟大腦」封面故事所說：「在我們這個燈火通明的不夜社會，我們經常把睡眠視為敵人，認為睡眠會剝奪我們的生產力和玩樂時間……若一夜好眠，我們會往復經歷睡眠的數個階段，每個階段都有明確的特質和目的，如此循環 4 到 5 次……」因為睡眠階段可分「非快速動眼期」與「快速動眼期（REM）」；前者以睡眠深淺度分四階段，後者是生動鮮明的夢境發生階段。前半夜以深度睡眠為主角，後半夜以 REM 做夢期為主角。

2017 年，加州大學柏克萊分校「人類睡眠科學中心」主任馬修．沃克（Matthew Walker）出版 *Why We Sleep: The New Science of Sleep and Dreams*（《為什麼要睡覺？——睡出健康與學習力、夢出創意的新科學》），書中提到：從訊息處理的角度來說，基本上可以把 1. 清醒狀態視為『接收』（體驗並持續學習來自周遭世界的訊息），2. 非快速動眼睡眠是『反思』（新事實、新技能的原料儲存和鞏固），而 3. 快速動眼睡眠則是『整合』（為新原料建立彼此之間的連結，並與過去經驗結合；如此一來，能使得世界運作的模型益加精準，也產生嶄新的洞見和解決問題的能力）。

換言之，當你的腦從 1. 快頻的清醒狀態（接收模式）轉換到 2. 較舒緩的深睡（反思模式）的慢波時，可將記憶包（最近的經驗）從較脆弱的短期儲存地點（海馬迴），送到較穩定而安全的長期儲存地點（新皮質）。3. 快速動眼睡眠做夢時，會完全停止釋放與壓力相關的正腎上腺素（noradrenaline），在此「安全」的夢中重新處理令人不快的記憶經驗與主題，消除內心深處先前包裹在記憶外的痛苦情緒負荷；也可以協助我們準確辨識臉部表情和情緒，避免敵友混淆，有助於社交互動的能力。此外，此階段以抽象且非常新穎的方式，把記憶的基本材料整合，猶如訊息的煉金術，萃取出首要的規則和共通點，或可稱為「概念聯覺」（ideasthesia），也就是由概念引發出知覺，由此產生創意。

這或許也是《流浪者之歌》中，「觀河聽水」想溺斃尋死的悉達多回憶起「唵」字真言，沉入了睡鄉，而醒來時再看這個世界，猶如一個脫胎換骨的新人之寓意。

——— 原刊於《人生》雜誌433期（2019年9月）

《科學的靈魂》觀後感：後物質主義科學之反思

6

2019 年 9 月底，敝人受邀參加大愛電視台節目《地球證詞》，為《科學的靈魂》紀錄片導讀錄影，對於此原名《擴展現實——後物質主義科學的三部曲》（*Expanding Reality: A Trilogy about Postmaterialist Sciences*）第一集紀錄片的內容有機會接觸，因而有些感想與淺見，請教大家。

紀錄片中介紹：2017 年 8 月，十多位物理學、宇宙學、生物學、神經科學、醫學、心理學和超感知能力領域學者，在美國亞利桑那州土桑市創立「後物質主義科學高等學院」（the Academy for the Advancement of Postmaterialist Sciences, AAPS），並開始招收會員。這些成員主張「後物質主義」典範三個要素：

1. 心靈是宇宙的基本要素，如同物質、能量和時空等概念一樣原始。

2. 心靈、意志、意圖、思想是一種力量，可轉化世界。

3. 心靈和意識利用大腦來自我表達與表現。

量子宇宙論與「量子神祕主義」

他／她們嘗試從「量子宇宙論」來建立其「心靈／意識是宇宙的基本要素」理論基礎，「在量子宇宙論中，觀察者扮演非常重要的角色，觀察者是系統的一部分，沒有觀察者就無法構成宇宙系統……因此如果你提出宇宙相關的問題，就必須先問觀察者的角色，這就叫作觀察者效應。這一切潛在的運作機制中，意識為主要元素。」

但是，我們若參考維基百科（英文版）之「Observer effect（觀察者效應）」條目，「在物理學中，此理論是說明：僅觀察現象就不可避免地改變了該現象。這通常是觀察儀器（instrument）的結果，這些儀器必然以某種方式改變其測量狀態……儘管 1998 年的魏茲曼實驗中的『觀察者』是一個電子探測器，但其結果導致人們普遍認為有意識的心（a conscious mind）會直接影響現實。科學研究並未支持『觀察者』有意識的需求……」

這也或許是維基百科（英文版）之「Quantum mysticism（量子神祕主義）」所說：「一組形而上學的信念和相關的實踐，旨在將意識、智力、靈性或神祕的世界觀與量子力學做其解釋相關聯。對此批判的科學家和哲學家說這是偽科學。」這些是我們觀賞此《擴展現實》（《科學的靈魂》）紀錄片時，必須留意的。

超感知能力現象之迷惘

後物質主義科學高等學院（AAPS）成員也以瀕死體驗、超感知能力或靈媒（psychic）、臨終視見、死後溝通等現象，來證明「心靈／意識是宇宙的基本要素」。對此，拙文〈佛教修行體系之身心觀〉（《法鼓人文學報》第 2 期，2005 年）曾說：佛教是依現實的五蘊（色、受、想、行、識）身心經驗為觀察對象，比較不會為體驗「離」身心之靈性而追求通靈經驗，為靈媒所惑，受制於人，有時會遭遇騙財騙色之危險。例如：靈性照顧（spiritual care）的先驅者、被尊為生死學大師伊莉莎白．庫伯勒－羅斯醫師（Elisabeth Kubler-Ross, M.D., 1926 ～ 2004）在她的自傳《天使走過人間——生與死的回憶錄》（*The Wheel of Life: A Memoir of Living and Dying*）中提到：她中年時期（約 1976），遇到宣稱可以引介精靈（spiritual entities）的夫婦傑伊與馬莎……為幫助醫學院和護理學院的學生、絕症病人和家屬，面對生死問題，她請傑伊與馬莎夫婦協助，馬莎負責心理戲劇課程，而傑伊以通靈術，在暗室的精靈召喚，是此醫療中心最叫座的活動（p.249 ～ 259）。但在 1978 年……女信眾也指控傑伊在暗室通靈時，提出要調理她們的性潛能的要求。接著，地方檢察官因許多性騷擾的指控，也對傑伊展開調查。最後，庫伯勒－羅斯醫師只好開除傑伊夫婦，但她也付出了慘痛的代價（p.283 ～ 300）。

統合與內化、生死與自他之覺察

但是，這些後物質主義科學高等學院的成員，對當今偏向「物質主義」教育與科學所產生之問題的覺察是可取的。例如他／她們提出「共享（share）神聖慈愛（sacred lovingkindness）意識」、「大意識（Consciousness，大寫開頭）＝普遍意識」、實修「冥想」，我認為是對「統合與內化」

教育與科學的追求，因為當代太重視專業分工與外在價值。原先扮演「統合與內化」功能的通識教育淪為營養學分。

他／她們也重視超越「生死與自他」，重視瀕死體驗、臨終視見、死後溝通等現象，或願意增加對自己和他人的慈悲心（compassion）、體會自己與大自然萬物的聯繫。我認為是類似佛教對「生死與自他」平等的覺悟，但佛教是基於緣起無常、無我，不是基於「大意識＝普遍意識」（或「大我」）。

根境識與「心＝腦×眾生^2」

猶如《雜阿含經》卷11：「比丘！譬如兩手和合相對作聲。如是緣眼（根）、色（境），生眼識，三事和合觸，觸俱生受、想、思。此等諸法非我、非常，是無常之我，非恆、非安隱、變易之我……」如此，我們似乎可將「心」（意識）、「腦」（意根）的關係以「心＝腦×眾生^2」來表示微小的「腦」量可經由「眾生」（社會文化境）量的累積，產生巨大的「心」力。這也是拙著《心與大腦的相對論》（法鼓文化，2005年9月出版）為方便探討「心識、宇宙」的大哉問，所參考愛因斯坦的方程式 $E = mc^2$（能量＝質量 × 光速的平方）的假說。

———— 原刊於《人生》雜誌435期（2019年11月）

萬別千差一掃空：禪法與唯識觀

7

禪畫展與隱元隆琦禪師

2019 年 10 月 28 日，法鼓文理學院推廣教育中心在德貴學苑舉辦「佛教世界之禪、禪荷畫」臺、日禪畫聯合展覽開幕，敝人因此認識參展藝術家日本黃檗宗畫僧內藤香林先生與臺灣葉玲秀女士，以及黃檗宗宗務總長荒木將旭先生。在開幕致詞時，敝人提到聖嚴法師有三次到黃檗宗總本山萬福寺禮敬開創者隱元隆琦（1592 ～ 1673）禪師，第三次於 1992 年 8 月 10 日參訪，因為敝人也隨行，因此印象深刻。

於《法鼓全集．春夏秋冬》有如下的敘述：

隱元隆琦出身於中國臨濟宗的法統，參禮密雲圓悟，得授心印，後繼費隱通容住持福建

省的黃檗山，達十年之久，大振禪風，復興古道。在清世祖順治十一年（西元一六五四年），率門弟子二十一人東渡日本，結果就在京都南郊的宇治地方，創建了萬福寺，為了紀念他福建的祖庭，故名為黃檗山……我也特別要求，希望到隱元禪師的墓前致敬……其實我到黃檗山的萬福寺，這已是第三次，每次都相同，除了參觀寺院的建築和環境的情況，我也對於隱元禪師這樣的高僧，抱有崇高的敬意，因為他到日本能夠影響他們而復興了禪宗，像我這樣的人到日本能有什麼帶給他們，影響他們呢？相反地倒是去向日本學取他們的經驗和長處所在，在慚愧之餘，相形之下，怎麼能不對先賢隱元禪師這樣的高僧致敬禮拜呢？

臨濟四料揀與萬別千差一掃空

此外，《法鼓全集．學術論考 II》收錄聖嚴法師 2003 年〈萬別千差一掃空——管窺黃檗隱元禪師〉的論文。文中提到：1673 年，後水尾法皇曰：「朕嘗閱《人天眼目》、臨濟四料揀等，建立宗旨，差別因緣……雖然，既有料揀不用，則違臨濟之旨，用則不免葛藤，未審如何判斷？隱元老和尚奏答云：『萬別千差一掃空。』法皇聞奏，大悅，乃曰：『朕早知老和尚只有一句，今果然。』隱元老和尚聞後，呵呵大笑云：『老僧被法皇看破。』」

所謂「臨濟四料揀」是臨濟義玄（？～866年）所用的禪法，應機施教、殺活自在之四種運用原則：

（一）奪人不奪境：泯息認識主體（人我）而存留所認識的外境（萬法），依法不依人，照見「五蘊法」（色、受、想、行、識）而體悟人我空。

（二）奪境不奪人：泯外境存內心，體悟萬法唯心識所現。

（三）人境俱奪：內心、外境俱泯，畢竟空。

（四）人境俱不奪：內外俱存，圓融無礙。

這是後水尾法皇問隱元禪師的問題點，隱元禪師似乎是以「本來無一物」來「一掃」臨濟四料揀的「萬別千差」作為回答。

臨濟禪法之「唯識」觀

臨濟四料揀「奪人不奪境、奪境不奪人、人境俱奪、人境俱不奪」之前二者應是基礎。

（一）奪人不奪境：為破除（奪）主觀性的「我執」，從觀照（不奪）萬法「無常、無我」之客觀性，這是佛教的修行基本方向。反之，（二）奪境不奪人：泯（奪）外境存（不奪）內心，體悟萬法唯心識所現，也是佛教的修行另外一個基本方向。例如：《大乘莊嚴經論》將《大念住經》13次「反復」段落第一個關鍵修行層面「內、外、俱」之「內所緣」詮釋為「六內處」（眼、耳、鼻、舌、身、意）、「外所緣」詮釋為「六外處」（色、聲、香、味、觸、法），進一步開展具有唯識學派特色的「能取（內）、所取（外）、真如（俱）」之三種修行對象而成就轉凡成聖。

因為，《大乘莊嚴經論》將《大念住經》「反復」之第三個關鍵修行層面「唯知、唯念→無所依於境而住，不再貪著世間之任何事物」之解脫過程，詮釋為唯「名」（受、想、行、識）＝唯言說而無有境→唯「識」，這類似（二）奪境不奪人「泯（奪）外境存（不奪）內心」的方法。

進一步，「境」（所緣、所取）無體→「識」（能緣、能取）也不可得，或許類似（三）人境俱奪：內心、外境俱泯（真如平等），乃至（四）人境俱不奪：內外俱存，圓融無礙之修行方法。

唯識學派之四種所緣

唯識學派之根本論書《瑜伽師地論》之〈聲聞地〉的靜慮（禪修）次第提到：為矯正修行者各類個性與習性的偏差，應機施教 1.「淨行、善巧、淨惑」相稱所緣為修行對象；其次觀察 2. 相似所緣（有分別影像、無分別影像）等心中所浮現的影像、（令心）寂靜；然後當 3. 於緣無倒（事邊際性）之際、如實地令心安住；最後，從粗重的消滅到轉換成輕安，即證得所謂「轉依」（身心轉換）的 4. 不捨靜慮（所作成辦）之結果。

綜言之，我們以觀照「相稱」的對治方法或學習對象，將其內化為「相似」所緣，以控制情欲與我執（奪人不奪境），泯除「所緣、所取」（外境）的分別心（奪境），泯除「能緣、能取」（內識）分別心（奪人），因而體悟眾生平等性（真如；人境俱奪），捨智頓刻圓融，悲願油然湧現（人境俱不奪），這或許是佛教可提供給世人的核心價值之一。

——— 原刊於《人生》雜誌436期（2019年12月）

chapter 3

校園擂台

法鼓文理學院校慶的感恩與展望

1

法鼓山大學院教育39至40週年

2007 年 4 月 8 日（佛誕節），法鼓佛教學院成立，是臺灣第一所納入高等教育體系之獨立的宗教研修學院。之後，4 月 8 日成為法鼓佛教學院的校慶。2014 年 7 月，教育部通過「法鼓人文社會學院」與「法鼓佛教學院」兩校合併，校名為「法鼓文理學院」；延續此傳統，4 月 8 日也是法鼓文理學院的校慶。

在敝校的「大願．校史館」，記載創辦人聖嚴法師於 1978 年接任文化大學中華學術院佛學研究所的所長，這是中華佛學研究所的前身，也是法鼓山「大學院教育」的濫觴。所以，到明年（2018年）滿 40 週年，今年則定位為 40 週年「暖壽」，提前紀念創辦人「篳路藍縷，開啟佛教教育」特殊意涵。因此，今年校慶的校際運動會籌辦單位學生事務組，訂製印有「法鼓文理學院 40 週年紀念」字樣的籃球，作為祝賀禮品；學校各個單位也舉辦如下的校慶活動。

文藝與體育的交流

首先，4 月 6 日「禪韻心悅」國畫師生聯展的開幕，第一展場在臺大醫院金山分院北海藝廊（至 6 月 30 日），第二展場在學校的綜合大樓學生餐廳（至 4 月 22 日）。4 月 6 日晚上，由語言與翻譯中心舉辦「綜合語言競賽」，邀請學生用梵、巴、藏、英、日、國語以背誦、朗讀、吟唱、演說等方式比賽。4 月 7 日，學生事務組邀請佛光大學佛教學院，由萬金川院長率領師生百餘位來學校，在揚生館作籃球、桌球、羽球、和樂躲避球等友誼賽，同時在學生餐廳舉行廚藝競賽與午餐交流，以及在國際會議廳作「比手畫腳」、「五分鐘書評」，以及歌唱表演活動。藉由此次校慶因緣發揮校內、校際交流，不僅有助於互相了解彼此的長短，也可以激發內在凝聚力，以及增進與他校友誼，擴展與分享校園生活的美好回憶。

心靈拼圖．校友群英

4月8日，在「大願．校史館」有「心靈拼圖」攝影比賽之頒獎與開展，並同步於學校網站展出，期望大家心領神會校園光影，隨時隨地淨佛國土。此活動是由「大願．校史館」、圖書資訊館、心靈環保研究中心共同執行，以三個主題徵稿：校園建築之美，體現「簡約質樸．本來面目」的設計理念；校園景觀之美，呈現「融合自然．清淨無礙」的樣貌；禪境之美則為展現「處處在在．靜觀自得」的境教。

同時，承續自中華佛研所之「法鼓學校校友會」，也藉此因緣頒發二十份「行門精進獎學金」與「學術論文獎學金」，給在校學士班、碩士班與博士班同學。非常感謝校友會共襄盛舉，獎助後學，為攝影展開幕增添喜氣，並與學校的「諮商輔導暨校友聯絡中心」交流。

博雅茶會．心靈環保

法鼓文理學院的校訓是「悲智和敬」，為完成創辦人聖嚴法師的創校期許：「是一處善良動能的發源地，可為我們的社會培育出更多淨化人心的發酵種籽」，可以具備「博雅教育」、「小而美」特色，參考北美高等教育之「文理學院教育」（Liberal Arts Education，或稱「博雅教育」）的辦學方針，故以「法鼓文理學院」（Dharma Drum Institute of Liberal Arts）作為中英文校名，「博雅教育」的宗旨是要教導人「博學多聞有悲智，雅健生活樂和敬」。

日本茶道之精神是「和敬清寂」，與學校的校訓「悲智和敬」，以及法鼓山所提倡的「四種環保」可相呼應。因此，今年校慶，特別邀請京華日本文化學苑鄭姵萱老師，在校長室的榻榻米和室，展演傳統日本茶道之「博雅茶會」，招待校慶貴賓、同仁、校友與學生。讓大家可以從茶道「和敬清寂」的體驗，學習人與大自然之調「和」，實踐「自然環保」，以知福惜福、感恩大地的心態，保護自然環境免受污染破壞；主客之間互相尊「敬」，實踐「禮儀環保」，以心儀、口儀、身儀的淨化，促進人我和樂；心意純樸「清」淨，實踐「心靈環保」，保持心靈環境的純淨與安定；體會舉止之「寂」靜美感，實踐「生活環保」，少欲知足、簡樸自然的生活方式。

孔子說：「吾十有五而志于學；三十而立；四十而不惑；五十而知天命；六十而耳順；七十而從心所欲，不踰矩。」（《論語．為政第二》），這或許能得知：孔子從十五歲開始就發願「終身學習」，到了四十歲可以「知者不惑」，孟子也說「我四十不動心」，或許四十歲是求學明道的成熟年分。目前，法鼓山「大學院教育」也正迎向 40 週年，讓我們一起感恩前人努力，祈願校務光明遠大，福慧廣傳四海一家。

——— 原刊於《人生》雜誌 405 期（2017 年 5 月）

2 法鼓文理學院新景點：圓通海印・海印三昧

法鼓文理學院校園工程於 2013 年底至 2014 年初陸續完工之際，敝人由於居地利之便，定期參與工程進度報告會議，以及訪視新校區進展，因此內心逐漸醞釀出學院「心」地圖校園路名建議。因此有拙文〈法大「心」地圖〉，刊登於《人生》雜誌（365 期，2014 年 1 月）。

該文提到：

> **將通過校園後方隧道，可以觀海景的道路，稱為「法海路」。它讓我們學習漢傳佛教華嚴宗的海印三昧，以大海風平浪靜時，天際萬象巨細無不印現海面之景象，來譬喻《華嚴經》中佛陀之內心世界——識浪不生、湛然澄清、明淨如鏡、森羅萬象，三世諸法同時炳現的境界，以開展深廣的菩薩道。**

圓通海印

2018年5月底，法鼓山建設工程處提到：「近日要發包進行『法海路』隧道的美化工程（預定採用仿清水模工法），然隧道兩頭出入口均有預留名稱位置，請問校長該隧道名稱為何？望能此次一併施做完成。」於是，敝人邀請臺北藝術大學前美術學院院長、名書畫家林章湖教授撰寫篆體「圓通海印」墨寶，作為「法海路」隧道名稱。因為是安置於隧道上方，隧道是「圓」形，可以「通」往「海印」三昧的觀景區域。

如同《楞嚴經》所述，諸菩薩之六塵、六根、六識、七大等二十五「圓（性體周遍）通（妙用無礙）」，以觀世音之耳根圓通為最上，所謂「我於彼佛發菩提心，彼佛教我從聞思修入三摩地。初於聞中，『入流亡所』，所入既寂，動靜二相，了然不生，如是漸增，聞、所聞盡，盡聞不住，覺、所覺空，空覺極圓，空、所空滅，生滅既滅，寂滅現前，忽然超越世出世間，十方圓明獲二殊勝：一者上合十方諸佛本妙覺心，與佛如來同一慈力；二者下合十方一切六道眾生，與諸眾生同一悲仰。」

這也是《法鼓山故事》所說：「於日常生

活中，修行觀音法門的『入流亡所』、『大悲心起』，並且發願有一天也能『觀世自在』。這是法鼓山名為『觀音道場』的殊勝之處。」

法印：通達無礙、法性平等

「海印」三昧之梵語在梵本《大般若經》、《悲華經》中是 sāgara-mudrā（海之印），在《華嚴經．十地品》是 sāgara-samṛddhi（海之成就）。所謂 mudrā（印）有「印章、印璽、封印、指環印、手印」等意義，藉由文字、符號或肢體語言，表達印可、印證、印契的效能。佛教藉此意象（印璽）說明「無常、無我、寂滅」的教義為驗證是否佛法的判準，因此印證，流傳久遠，通達無礙，故稱為「三法印」。

例如《大智度論》卷 22：「得佛法印故，通達無礙；如得王印，則無所留難。問曰：何等是佛法印？答曰：佛法印有三種：一者、一切有為法念念生滅皆無常，二者、一切法無我，三者、寂滅涅槃。」如此「三法印」是從「緣起」而如實知無常、無我、體證涅槃寂滅；若從緣起而直顯諸法本性寂滅、通達無二、無別、平等無礙，則是法性實相「一法印」。

海印三昧：同時炳現、生佛互攝

華嚴宗對此「一法印」則以無始（眾生）無終（諸佛）、同時炳現之「海印三昧」，來闡述事事無礙法界緣起，建立「初發心時便成佛、雖成佛不捨初發心」相即相入、互攝互入的信願，開展菩薩道。如《大明三藏法數》卷 28：「〔十、海印炳現體〕。……如來說《華嚴經》時，入是三昧。一切諸法，炳然齊現大寂定中，猶如香海澄渟，湛然不動，四天下中一切眾生色身形像，皆於其中歷歷顿現，如印印文。其差別無盡教法及所化機，雖大小不同，亦同緣起，炳現定中。」

有別於書畫之前後、始終順序呈現，印璽拓印圖文時，無前無後，同時炳現，猶如《新譯華嚴經七處九會頌釋章》：「依《華嚴經》中，立十數為則，以顯無盡義。初、同時具足相應門者，此上十義，同時相應，成一緣起，無有前後、始終等別，具足一切，自在逆順，參而不雜，成緣起際，海印定中，炳然同時顯現成矣。」所謂「同時具足相應」是《華嚴一乘十玄門》之總綱；這或許也是

sāgara-samṛddhi（海之成就）的意涵。禪宗《證道歌註》也說：「佛所印者，諸佛法門，遞相印可，一印印定，起畢同時，更無前後，故名曰印也。」

三昧還聽法鼓鐘

從校園「法海路」之「圓通海印」隧道（圖1），可通往觀海區，敝人邀請臺北藝術大學前總務長、名雕刻家張子隆教授布置景石，大石兩面刻有林章湖教授撰寫篆體「海印三昧」（圖2）與草書詩：

三昧還聽法鼓鐘，
圓通諸漏伏龍蹤；
印空一悟風吹盡，
自性了然四海同。（圖3）

以便讓大家觀海印三昧，也學習觀世音菩薩之耳根圓通，反聞聞自性，還聽法鼓鐘與海潮音，能所雙亡，圓通諸漏，煩惱即菩提，降龍伏虎無影無蹤，體悟法「印」猶如大海，同時炳現，緣起「空」性，人我、是非、得失風吹雲散；自性眾生諸佛平等，百川四海互攝互入。

圖1：「圓通海印」隧道。

圖2：大石上頭為林章湖教授撰寫的「海印三昧」。

圖3：大石另一面為林章湖教授撰寫的草書詩。

———— 原刊於《人生》雜誌423期（2018年11月）

3 梵語詩律與中國文化

近體詩（格律詩）於中國文學或文化，有其特殊的地位與生命力。近體詩起源於南朝齊武帝永明時期建康的「永明體」，盛唐時期發展成「進士科」之考試科目，歷經宋、元、明、清，乃至今日，文人雅士仍然創作不斷。

梵語詩律對
中國「近體詩」平仄聲律之影響

梵語佛典中詩律對於中國文學，從南朝開始發展的「近體詩」平仄聲律之影響研究，最早是陳寅恪教授之〈四聲三問〉（1934 年）。此論點，引發學術界諸多正反議論，在梅維恆和梅祖麟（Victor H. Mair and Tsu-Lin Mei, 1991 年）共著的論文 *The Sanskrit Origins of Recent Style Prosody*，則總結如下的論點：

（一）從古印度梵語戲劇藝術論典 *Nāṭya Śāstra*（約成立於西元前 1 世紀到西元 1 世紀）對於詩歌之 doṣa（過失、缺陷、污點、疾病）的分類論點，是南朝齊武帝永明時期沈約（441 ～ 513，詩壇領袖作家，撰《四聲譜》，使詩歌產生人為音律）之「四聲八病」說法的來源。

（二）梵語的長短音在詩律中稱為「輕重音」（laghu 輕；guru 重），這種梵語詩律中所有音節的「輕重」二元化現象，促進了漢語四聲的「平仄」二元化的發展，證據之一是後來的「平仄」，最早稱為「輕重」。

（三）梵語詩律中最常用的 śloka（首盧迦，偈頌），由四個「詩句」（pāda, foot, quarter）所組成。每個「詩句」有 8 個「音節」（可再分為 4 個「音節」為 1 個「短行」），其長短音（若用－表示長音，∪表示短音，x 表示長短皆可）之詩律是：

奇數「詩句」：xxxx, ∪－ x /

偶數「詩句」：xxxx, ∪－∪ x /

第二（∪－ x）和第四（∪－∪ x）短行有長短音的限定，第一（xxxx）和第三（xxxx）短行則沒有限定。如此「首盧迦」詩律的東傳，給南朝齊武帝永明時期建康的「審音文士」帶來「詩律」（meter）的觀念，句首（猶如梵語詩律之第一和第三短行）「平仄」不拘，這都是受到「首盧迦」和其他梵語詩律的影響。

八組「長短音」詩律與「平仄」詩律

梵語詩律對於長短音的組合，古印度文法家與數學家平噶拉（Pingala）提出三個音節之「長短音」之八（2^3=8）「組」（gaṇa）梵語詩律，並且用 yamātārājabhānasalagāḥzi 的字串作為補助記憶。因此，八組詩律可以如下表示：ya 組（ya-mā-tā：∪ －）、ma 組（mā-tā-rā： －－）、ta 組（tā-rā-ja： －∪ ）、ra 組（rā-ja-bhā： －∪ －）、ja 組（ja-bhā-na：∪－∪）、bha 組（bhā-na-sa：－∪∪）、na 組（na-sa-la；∪∪∪）、sa 組（sa-la-gā；∪∪－）。

最後 la 表示 1 個短音（ ∪ ），gā 表示 1 個長音（－）。

例如：梵本《大乘莊嚴經論》第 1 章第 3 詩頌名為 śikharinī（每句 17 音節），可以用 ya ma na sa bha la ga 來記憶∪－，－－，∪∪∪，∪∪－，－

∪∪，∪－的詩律，完整的四句（為省篇幅，只標第 1 句）詩頌如下：

yathā bimbaṃ bhūṣā-prakṛtiguṇavad darpaṇagataṃ

∪－－，－－，∪∪∪，∪∪－，－∪∪，∪－

viśiṣṭaṃ prāmodyaṃ, janayati nṛṇāṃ darśanavaśāt |

tathā dharmaḥ sūktaḥ, prakṛtiguṇayukto 'pi satataṃ

vibhaktārthas tuṣṭiṃ, janayati viśiṣṭām iha satāṃ || 3 ||

唐朝波羅頗迦羅蜜多羅（prabhākaramitra, 565 ～ 633）漢譯為五言四句：「譬如莊美質，臨鏡生勝喜；妙法莊嚴已，得喜更第一。」

梵語「長短音」詩律的變化美感，在漢語成為「平仄」詩律，也可以使文章產生抑揚頓挫的聲韻美，例如：李白（701 ～ 762）之《下江陵》七言絕句：

朝辭白帝彩雲間，千里江陵一日還。

（平平仄仄仄平平，仄仄平平仄仄平）

兩岸猿聲啼不住，輕舟已過萬重山。

（仄仄平平平仄仄，平平仄仄仄平平）

八組詩律與《易經》八卦

上述平噶拉所提出三個音節之「長短音」之八（2^3=8）「組」（gaṇa）梵語詩律變化，是數學規律，有其普遍性，以古代中國《易經》八卦即是一例。《易經》以一套符號系統，來描述自然界（非人為、簡易）的「動靜、陰陽」交替變易現象，以便探索不易的法則，對中國古典文化的哲學和宇宙觀有重大的影響。

「爻」是最基本的符號，意指交錯，以奇畫「—」（陽爻）或偶畫「--」（陰爻）表示，若兩兩相重則形成四象（太陽、少陰、少陽、太陰，2^2=2），四象再增加一爻（2^3=8），就形成八卦：「乾（天）☰、兌（澤）☱、離（火）☲、震（雷）☳、巽（風）☴、艮（山）☶、坎（水）☵、坤（地）☷」符號，以描述「天地、山澤、雷風、水火」之自然現象。

「卦」有懸掛的意思，代表將各種現象的標示豎立，以便觀察。宋代朱熹（1130 ～ 1200）曾作〈八卦取象歌〉：「乾三連，坤六斷；震仰盂，艮覆碗；離中虛，坎中滿；兌上缺，巽下斷。」以連結文字與圖示的關係。

若將印度梵語八組詩律（三音節橫排，例如：－－－）對照中國《易經》八卦（三爻豎立，例如：）之圖文，則如下所示：

ma 組（－－）☰乾（天）三連；

na 組（∪∪∪）☷坤（地）六斷。

ya 組（∪－）☱兌（澤）上缺；

ta 組（－∪）☴巽（風）下斷。

ra 組（－∪－）☲離（火）中虛；

ja 組（∪－∪）☵坎（水）中滿。

sa 組（∪∪－）☳震（雷）仰盂；

bha 組（－∪∪）☶艮（山）覆碗。

數學的組合變化美感，在梵語「長短音」詩律文學，與《易經》八卦的「動靜、陰陽」變易哲學，有異曲同工之妙。若因此體悟「無常變易、無我簡易、寂滅不易」等法則，則更玄妙。

——原刊於《人生》雜誌403期（2017年3月）

4 韓國佛教之禮佛法門

東晉，中國佛教傳到朝鮮半島；唐朝，佛教各宗傳入朝鮮佛教，高句麗、百濟、新羅三國政權，也派僧侶到中國求法，曾有多彩多姿的發展。目前，韓國佛教是以華嚴思想與禪宗實踐為特色。最近，敝人有緣觀賞韓國佛教「朝暮課誦」儀軌的紀錄片，深受「禮佛」法門的感動，野人獻曝，就教方家。

五分法身香禮

韓國佛教之禮佛儀軌，以唱誦〈五分香偈〉：「戒定慧解知見香，遍十方剎常芬馥；願此香烟亦如是，熏現自他五分身」開始，因為，佛教將戒律的功德譬喻成如塗香、熏香等，能令人清涼、悅意。例如：

《中阿含經》卷15：「舍梨子！如是比丘、比丘尼以戒德為塗香。……便能捨惡，修習於善。」

《雜阿含經》卷38：「八方上下崇善士夫，無不稱歎言：某方某聚落善男子、善女子持戒清淨，成真實法，盡形壽不殺，乃至不飲酒。阿難！是名有香順風熏，逆風熏，順風逆風熏。」

由此「戒香」為基礎，依照如下修行次第，成就「[1] 戒→ [2] 定→ [3] 慧→ [4] 解脫→ [5] 解脫知見」之「五分法身」：[1] 持戒→無悔→生〔歡〕悅→〔心〕喜→ [2] 止（身安；輕安）→樂→〔心〕定→ [3] 如實觀→得厭（起厭）→無欲（離欲）→ [4] 解脫→ [5] 知解脫（自謂：我證解脫，復起如是智見：我生已盡、梵行已立、所作已辦，不受後有）。

「順解脫分」之禮佛儀軌

此外，有所謂「順福分、順解脫分、順決擇分」與解脫有關的三善根。順福分是以布施、持戒等福業，讓世間生活條件改善；順解脫分則是「欣求涅槃、厭背生死」之解脫決心；順決擇分是禪定與智慧的學習。

具備「順解脫分」之解脫決心雖屬內在性、微細難知，佛典提到可從如下的身心變化來判斷：「謂若聞善友說正法時，身毛為竪，悲泣流淚，厭離生死、欣樂涅槃。於法、法師深生愛敬，當知決定已種順解脫分善根。若不能如是，當知未種。」

韓國佛教僧眾非常重視，藉由身體禮敬、稱念觀想「至心歸命禮，十方三世帝網（重重無盡）海，常住佛、法、僧三寶」的三頂禮，乃至佛菩薩、羅漢、祖師等七頂禮、八頂禮、十一頂禮儀軌。若能虔誠殷重，可以孕育「向善、離惡」認知的形成，而引發愛敬、歡喜與悲泣等情緒乃至「悲欣毛竪」，如此可以讓煩惱凡夫蛻變為菩薩的「長期記憶」。因為從神經心理學來看，如此經過「重複」或「情感」因素而強化的資訊，新合成的蛋白質被運送到新近啟動的腦神經突觸後，或學習引起突觸已有蛋白質的構型（shape）修飾，保存了長期記憶，發揮以利他「向善、離惡」的菩薩道。

「由下往上」的注意系統與禮佛儀軌

腦神經科學有所謂兩種腦側皮質之注意系統：

（一）背側的「由上往下」（Top-down）專注式、自我中心。

（二）腹側的「由下往上」（Bottom-up）覺察式、他者中心。

「心理性感官」之「自我」（psychic sense of self）有三種不同的運作成分，1. 主格的我（I）、2. 受格的我（Me）3. 所有格代名詞的我（Mine）。若是「正面適應」，可以讓我們維持正面的生活適應作用。若是「負面適應」，則會因 1. 主格的「我」產生侵略性（aggressive）、自大狂妄性（arrogant）；2. 受格的「我」產生被包圍的（besieged）、被傷害的（battered）；3. 所有格代名詞的「我」產生緊抓（clutching）、貪欲（craving）的「負面適應性自我」。

禪修者之「自我中心」的活動，相對於「他者中心」的活動，變化比較小，在某些機緣，可能是腦部之網狀核（reticular）等部位，抑制了情緒性「自我中心」之視丘（thalamus）到皮質（cortex）的共振活動（oscillations），「自我中心」的活動會大幅降低，引發禪宗所謂的「見性」經驗。

此時，感官雖然對外界的反應仍然敏銳，但是「本體感覺」（proprioception）「不作登錄」（unregistered），主格的「我」消融之時，可從「時間」的壓力中解脫。受格的「我」消融之時，則無有恐懼。所有格代名詞的「我」消融之時，可消除自他分別，體悟萬法平等一體。

禮佛法門也可產生與上述之「萬法平等一體」等感受，因為五體投地禮佛或許可以增進「由下往上」的注意系統，因為至誠懇切地伏地、從下仰望的姿勢，可以平衡我們高高在上的習慣姿態。

常不輕菩薩

不只是在佛殿禮敬諸佛，隨時隨地禮敬一切眾生，猶如《妙法蓮華經》卷 6 所介紹：「爾時，有一菩薩比丘名常不輕。得大勢！以何因緣名常不輕？是比丘，凡有所見——若比丘、比丘尼、優婆塞、優婆夷——皆悉禮拜讚歎而作是言：我深敬汝等，不敢輕慢。所以者何？汝等皆行菩薩道，當得作佛。」甚至多年遭受對方的罵詈、杖木瓦石攻擊，猶高聲唱言：「我不敢輕於汝等，汝等皆當作佛。」這是我們學習禮佛法門的榜樣，也是與上述「至心歸命禮，十方三世帝網（重重無盡）海」對象——《華嚴經》之「事事無礙」法界——相應。

——原刊於《人生》雜誌404期（2017年4月）

5 飲食教育：供養、感恩、禪悅

2016 年聯合報系的「願景工程」，關於「飲食革命」專題，有如下的報導：

> **北市餐盒食品公會統計，北市 100 多所公私立學校每天外訂團膳（營養午餐）約 7 萬份，一年產生 2040 噸廚餘，換算等於 340 萬個便當；以一餐平均 55 元計算，一年約浪費 18 億 700 萬元。……反觀中南部偏鄉學校許多孩子在家吃不到新鮮、豐富的午餐，營養午餐都吃光光，學校還打包剩下飯菜，讓清寒學生帶回家當晚餐，或成為社區弱勢家庭餐食。**

日本國會在 2005 年通過《食育基本法》，政府強調「食育培養感恩的心，是德育、智育、體育的根基」。例如：日本福岡縣櫻野小學的餐前廣播，先介紹今天營養午餐的菜單及生產者，接著響起由老師譜曲、學生填詞、歌唱的感謝歌：「謝謝生產者，青菜好好吃……」此外，也包含認識食材、產季、運銷，理解日本飲食文化，以及培養尊重大自然、勞動者的態度，重新建立人與食物、土地、環境的關係。

敝人曾發表關於〈身心健康「五戒」：微笑、刷牙、運動、吃對、睡好〉、〈身心健康「五戒」四句偈〉二篇（《人生》雜誌 2010 年 10 月；2011 年 9 月）拙文，與大家共勉。其中，「吃對」以「素食少鹽、低脂少糖、全穀根莖、多色喝水」飲食習慣來說明，今將此擴大，從「供養、感恩、禪悅」三方面，論述佛教飲食教育之淺見如下，就教方家。

三德六味：供養普施、有福他先

用齋前，將眼前的飯菜（或許菲薄），觀想是「三德六味」，以最大誠意，無分別「供佛及僧（十方三世一切諸佛菩薩、大智慧），法界有情，普同供養」，從此學習「有福他先」、「利他為先」的心態，這也是古代中國「孔融四歲，能讓梨」或「後天下之樂而樂」所傳頌的美德。

這種飲食文化在災難發生時，更可凸顯其可貴。例如東日本311大地震時，各處避難所，即使條件再差，受災民眾也都能跟別人分享，在領取食物、飲水時都會好好排隊，有力氣的人還會協助其他老弱避難者。

所謂「三德六味」是出自《大般涅槃經》序品，佛臨涅槃時，諸優婆塞為佛及僧準備種種具三德六味之飲食。所謂三德：1. 淨潔，清潔無穢；2. 輕軟，柔軟不粗澀；3. 如法，時間與製作適宜。

六味是指食物「苦、醋、甘、辛、鹹、淡」兼備周到。現代生理學認為「鹹、酸、甜、苦、鮮」五種味覺，個別對於「鈉離子、氫離子、糖類、生物鹼、麩胺酸」化學物刺激的感覺，讓我們辨識養分（例如：作為能源的糖類）或毒物（例如：許多毒素屬於生物鹼）。最近（2017年5月），科學家發現了第六種味覺是「水」味（Scientists discover a sixth sense on the tongue——for water；https://goo.gl/8NuGpL），或許讓我們可以反思碳酸飲料、現代速食、工業化食品對我們味蕾的控制，也是「六味」之「淡」的現代意義，或是《禮記》的「君子以道義交故，其淡如水」之古典。

食存五觀：感恩來處、報答眾生

佛陀制定修行者飯食時，不應散心雜話，應作如下五種觀想：1. 計「工」多少，量彼來處；2. 忖己德行，全缺應供；3. 防心離過，貪等為宗；4. 正事良藥，為療形枯；5. 為成道業，應受此食。分述如下：

1. 量彼來處不易，宋朝《釋氏要覽》解釋，如《大智度論》所說：「此食墾植，收穫舂磨，淘汰炊煮，及成，用工甚多。」《孟子》也說：「且一人之身，而百工之所為備。」說明個人所需，須依賴大自然的材料、各行各業（百工）合作才能完備。如此感恩來處不易，可培養珍惜與報恩之心。因為我們會 2. 忖思自己的德行，是完全或欠缺？是否值得（報答）眾生的供養？如此各行各業也可培養敬業精神，不偷工減料，童叟無欺，服務社會。用餐時 3. 防心離過，避免對上味食起貪、下味食起瞋、中味食起癡，不挑食或偏食。如此平等心，慢嚼細嚥，飲食消化吸收良好，猶如 4. 正事良藥，為療形體枯瘦，不食成病，5. 為成道業，報答眾生，應受此食。

四食資益：禪悅為食、所作皆辦

《雜阿含經》卷 15：「有四食資益眾生，令得住世，攝受長養。何等為四？謂一、麤摶食，二、細觸食，三、意思食，四、識食。」第一種是物質性食物，「味覺」是大腦之動機推進、行為獎勵機制之深層古老部分。受用時，若能用心體會飲食之「視覺、嗅覺、味覺、觸覺」感官之交互作用，特別是慢嚼細嚥時，香味可從「鼻後通道」感受，此通道隨著人類頜骨變小、面部變平之演化而變短，讓味道更明顯，刻入記憶、思想、心識之關聯中，如此更能夠欣賞食物的真實味道，覺觀「糖、鹽、脂肪」快速刺激大腦的「愉悅迴路」，乃至類似成癮之過患，體會遠離貪欲與減輕我執之禪悅喜樂，養成良好的飲食習慣，重新建立人與食物、土地、社會、環境的互相資益法則，因而法喜充滿，然後「飯食已訖，當願眾生，所作皆辦，具諸佛法」，完成結齋的祝願。

——— 原刊於《人生》雜誌408期（2017年8月）

佛教禮儀的「問訊」是問什麼？

6

禪門日用軌範、禮儀環保之「問訊」

法鼓山的《禮儀環保手冊》提到：「中國向來有『禮儀之邦』之稱，在中國人的觀念中，『禮』可以發揮人性和培育人格……若想淨化人心、淨化社會，必須先從淨化禮儀開始。法鼓山所推動的心靈環保，也是禮儀環保的一環；因為禮儀，必須是誠於內而形於外的行為，否則所謂的禮儀也只不過是虛假的形式。」

其實，禪宗是重視從日常生活禮儀與軌範，體驗「無常、無我、寂滅」的佛法。例如：南宋無量壽禪師之《入眾日用》（1209 年，或名《日用軌範》）參考唐朝百丈禪師（720 ～ 814）之禪門清規，從「世間法即是出世間法」的觀點，說示禪林一日之規矩，使入眾之學人得以日夜遵守，其內容包括：起床、洗面、著袈裟、進食、如廁、入浴、臥相，乃至看經、步行等諸種法則，以便「究己明心，了生達死」。此禪門日用軌範也是韓國、日本禪宗儀軌之主體。

佛教禮儀中，除「合掌」外，常用「問訊」，《禮儀環保手冊》的〈四、日常禮儀範例（一）佛法禮儀〉中，對於「問訊」的方法，有如下說明：

1. 虔誠的合掌，集中注意力，目光注視中指指尖，放鬆身心。

2. 彎腰約九十度、頸宜直、頭不可垂下。表示謙虛、誠懇的問候、請示。

3. 起來時，手結定印，即是以左手三指包右手三指（右內左外），兩大拇指尖相觸，兩食指指尖相合、豎直。手掌像一朵含苞待放的蓮花。

4. 伸直腰，舉手到眉心，再放掌。

但上述「問訊」的動作與手印等肢體語言，所問候的具體內容為何？

問「安樂」：
少病少惱，起居輕利，安樂住不？

在佛典中，我們常讀到弟子、信眾問訊世尊或尊者的語詞。例如：《雜阿含經》卷 47：「時，跋迦梨（Vakkali）語富隣尼：『汝可詣世尊所，為我稽首禮世尊足，問訊世尊少病少惱、起居輕利、安樂住不？』」卷 37：「詣尊者阿那律所，稽首禮足。白言尊者：『摩那提那長者敬禮問訊：少病少惱、起居輕利、安樂住不？唯願尊者通身四人明日日中，哀受我請。』時，尊者阿那律默然受請。」《維摩經》卷 3〈香積佛品〉：「維摩詰稽首世尊足下！致敬無量，問訊起居，少病少惱，氣力安不？」

有時增加與度化眾生有關的語詞，例如《大般若經》卷 1：「致問世尊無量：少病少惱、起居輕利、氣力調和、安樂住不？世事可忍不？眾生易度不？持此千莖金色蓮花以寄世尊而為佛事。」《法華經》卷 7〈妙音菩薩品〉：「世尊！淨華宿王智佛問訊世尊，少病、少惱，起居輕利，安樂行不？四大調和不？世事可忍不？眾生易度不？無多貪欲、瞋恚、愚癡、嫉妬、慳慢不？無不孝父母、不敬沙門、邪見、不善心、不攝五情不？世尊！眾生能降伏諸魔怨不？」

問「安樂」四句、五問、五詞

對於上述的問訊，《瑜伽師地論》卷 88 提到如下之問「安樂」四句（[A] ～ [D]）五問（[1] ～ [5]）：

[A] 少病不者，此問 [1] 不為嬰疹惱耶？

[B] 少惱不者，此問 [2] 不為外諸災橫所侵逼耶？

[C] 起居輕利不者：此問 [3] 夜寐、得安善耶？[4] 所進飲食、易消化耶？

[D] 有歡樂不者？此問 [5] 得（1）存養、（2）力、（3）樂、（4）無罪、（5）安隱而住。

當知此問四位中：1. 內逼惱分。2. 外逼惱分。3. 住於夜分。4. 住於晝分。

最後「此問在四位（內、外、夜、晝）中」可知「問安樂」可分為四句。其中，第五問之五詞

（存養、力、樂、無罪、安隱而住），引用《瑜伽師地論・聲聞地》卷 23「於食知量」的解釋：

> 飲食已、壽命得存，是名（1）存養。
>
> 若除飢羸，是名為（2）力。
>
> 若斷故受（飢餓）、新受（過飽）不生，是名為（3）樂。
>
> 若以正法追求飲食、不染不愛，乃至廣說（亦不耽嗜、饕餮、迷悶、堅執、湎著）而受用之，是名（4）無罪。
>
> 若受食已、身無沈重、有所堪能、堪任修斷，如前廣說（令心速疾得三摩地，令入出息無有艱難，令心不為惛沉睡眠之所纏擾），如是名為（5）安隱而住。

從此「於食知量」的說明，讓我們知道問「安樂」之「少病少惱，起居輕利，安樂住不？」主要是問候「內病外災」以及「晝夜起居、飲食睡眠」等生活習慣。其中，良好的生活習慣——例如敝人經常提醒「身心健康五戒：微笑、刷牙、運動、吃對、睡好」——是可以減低「內病外災」的因緣。

問「病苦」二問

若有病苦，例如《雜阿含經》卷 5 敘說：差摩（Khemaka）比丘得重病敘，諸上座比丘遣陀娑（Dāsaka）比丘前往探病，問：「苦患漸差不？眾苦不至增耶？」往返討論若只能正觀五受陰之非我、非我所，不一定能離我欲、我使、我慢，還須真實正觀五受陰之生滅，因此雙方身心解脫。這或許是禮儀環保「問訊」效益之醍醐味，值得我們學習。

——原刊於《人生》雜誌424期（2018年12月）

儀軌深廣化、生活儀軌化

7

敝人受邀擔任 2018 年底的法鼓山大悲心水陸法會「總壇」說法，藉此因緣分享微薄心得如下：

「迎、供、送」之儀軌：三業恭敬

「總壇」儀程：首先「啟壇結界、輸誠懸旛」昭告法界聖凡，即將啟建「法界聖凡水陸普度大齋勝會」。其次「奉請、奉『供』上堂」，『迎』請、供養諸佛菩薩聖賢。再誦《地藏經》乞攝諸惡道眾生；其次「奉請下堂」，『迎』請六道羣生，為授幽冥戒，斷惡修善；其次「奉『供』下堂、上圓滿供、燒圓滿香、『送』聖」。總之，這是以身口意三業恭敬「迎來、供養、送去」平等普施、供養十方法界聖凡之儀軌。

這種「迎來、供養、送去」三部曲，是良好人際關係的禮儀，乃至《念處經》之「憶念出入息法（數息觀）」的學習原則，有其普遍意義。

例如：菩薩戒《梵網經》卷2：「若佛子！見大乘法師、大乘同學……即起迎來送去、禮拜供養。日日三時供養……常請法師三時說法，日日三時禮拜……」如此互相「財施、法施」，從緣起而直顯諸法本性寂滅「一法印」，建立菩薩友誼之良性循環。

《念處經》則教導修行者應覺知呼吸時之氣息的出入情況，對於呼吸「迎來、供養（氣體交換）、送去」，入息長、入息短時，清楚了知：「我入息長、入息短」；出息長、出息短時，清楚了知：「我出息長、出息短」……學習認識自己的身體（呼吸與動作）、受（感覺與感受）、心（心識）、法（真理）等四方面，體會「無常、無我、寂滅」三法印，消除對身心世界的貪瞋，使「覺察性」（念）分明而穩定（住）。此「四念住」（又譯為「四念處」）是佛教修行的基本架構，隋朝天台智者大師曾講說《四念處》四卷。

「十界互具」之深廣化：善惡同源、苦樂同功

水陸法會名稱開頭之「法界聖凡」蘊含「十法界（『四聖』：佛、菩薩、緣覺、聲聞。『六凡』：天、人、阿修羅、畜生、餓鬼、地獄）互具」的天台宗思想。有別於感官認識作用的對象「色、聲、香、味、觸」界，「法界」是心識的對象，眾生「起心動念」則有「十法界」，也即是各種聖凡（善惡、苦樂）的比例差別。

例如：天台《六妙法門》：「非但於一心中，分別一切十方法界凡聖色心諸法數量。亦能於一微塵中。通達一切十方世界諸佛凡聖色心數量法門。」並以「十界互具」之「廣、高、長」論述「妙」，如《妙法蓮華經玄義》卷2：「一法界具九法界，名『體廣』。九法界即佛法界，名『位高』。十法界即空、即假、即中，名『用長』……故稱『妙』也。」《摩訶止觀》卷5：「夫一心具十法界。一法界又具十法界、百法界。一界具三十種世間。百法界即具三千種世間。此三千在一念心。若無心而已。介爾有心即具三千。」

這也是《妙法蓮華經》卷6：「有一菩薩比丘

名常不輕……是比丘，凡有所見——若比丘、比丘尼、優婆塞、優婆夷——皆悉禮拜讚歎而作是言：『我深敬汝等，不敢輕慢。所以者何？汝等皆行菩薩道，當得作佛。』」禮敬一切眾生的緣由。

此外，也可從腦科學之「善惡同源、苦樂同功」的事實來了解「十界互具」，如拙文〈愉悅羅盤：苦樂、善惡、上內〉（《人生》雜誌 2018 年 4 月）所述「善惡同源」：不論是違法的惡習或道德作為，都會活化「內側前腦」愉悅迴路，具腦神經學上的一致性，都以愉悅為羅盤。「苦樂同功」：痛苦與愉悅同具顯著性功能，不論是正向情緒如欣快感與愛，或是負向情緒如恐懼、憤怒、厭惡，都代表不應忽略的事件。因為，愉悅是心智功能的羅盤，指引我們去追求善與惡，痛苦則是另一個羅盤，猶如策動驢子的棍子與紅蘿蔔。

生活儀軌化：恭敬感恩、簡潔法喜

如此「莊嚴緩慢」儀軌之深廣化學習可以幫助我們「慢活」，時時法喜，處處禪悅，將日常例行工作（routines）變成更有意義的儀軌（rituals）。例如拙文〈飲食教育：供養、感恩、禪悅〉（《人生》雜誌 2017 年 8 月）所述：將眼前的飯菜（或許菲薄），以恭敬心，普同供養法界有情。同時也觀想個人食衣住行之所需，須依賴大自然的材料、各行各業（百工）合作才能完備，感恩來處不易，培養珍惜與報恩之心。因此，生活簡潔，法喜充滿。

此外，身、口、意三業恭敬，可以學習「對順境不愛著而是尊敬，對逆境不怖畏而是和敬」的中道心態，體悟無常，以尊敬心與親朋好友相處，學習放捨引發「樂受」之親密人、歡樂事、喜好物。因此鍛鍊布施生命（最難捨的擁有）能耐。體悟無我，以和敬心與怨家敵人相處，學習包容引發「苦受」之仇恨人、困難事、厭惡物，因此累積面對死亡（最可怕的怨敵）本錢，如此則可以學習「生死自在」。

———原刊於《人生》雜誌425期（2019年1月）

手帕、環保與心靈情誼

敝校 2019 年校慶，有法鼓文理學院成立 5 週年、創辦人聖嚴法師圓寂 10 週年、法鼓山「大學院教育」前身中華學術院佛學研究所 40 年之意義。作為推廣設校宗旨「心靈環保」的一環，今年以「手帕、環保與心靈情誼」為主題禮物，期待大家養成隨身攜帶手帕的習慣，減少衛生紙用量，保護森林與生態，減低我們的日常生活習慣對環境的累積衝擊，同時也可以增進心靈互相關懷情誼。

帶手帕、少用衛生紙，保護森林

《聯合報》2019 年 2 月 21 日的新聞標題「美國衛生紙用量冠全球　摧毀加拿大林地」：根據天然資源保護會議的報告，美國消費者每年約用掉 141 卷衛生紙（英國 127 卷、日本 91 卷、法國 71

卷），美國占了全球用量的五分之一，為取得純木漿作為衛生紙原料，每年砍掉約 40 萬公頃加拿大北部原始森林，也威脅到超過 600 個原住民聚落的傳統生活模式，以及加速全球暖化。

《遠見》網站 2018 年 6 月 8 日以標題「樹木沉痛的怒吼！衛生紙浪費濫用的悲歌」報導：你可曾想過，你一天會用掉多少衛生紙？上廁所要用、擤鼻涕需要、用餐後也不可或缺，許多人甚至直接把衛生紙當抹布使用，大把地掩飾不乾淨的事物。但大多數製造商不是回收紙再利用，而是用純木漿之類的原料。因為「柔軟度」是許多廠商在強調自家衛生紙商品時，最經常主打且推銷的重點，而要製成愈柔軟的衛生紙，使用完全純淨的紙漿便是關鍵。

在香港，根據 2014 年統計報告，衛生紙的日消耗量就高達 668 公噸，約需 1 萬 1356 棵樹和 1336 萬加侖的水（1 公噸衛生紙＝ 17 棵樹、2 萬加侖水）。專家建議，當你意識到衛生紙是地球上對環境最具傷害的產品之一時，應學習改變生活習慣：1. 盡量用水處理清潔問題。研究發現：用水清潔不僅比使用衛生紙更能洗得乾淨，也更環保；因為實際上的用水量比製造衛生紙少很多。2. 養成使用手帕的習慣。

手帕與人間情

2019 年 3 月 9 日 Yahoo 奇摩新聞「5 歲養成帶手帕習慣　竟幫郭台銘追到老婆」提到：鴻海集團董事長郭台銘出席板橋國小 120 年校慶時，感謝母校教他怎麼做人，回想自己 5 歲在板橋念幼稚園時，養成攜帶手帕的習慣，一帶就是 64 年。他用手帕響應環保，兩位老婆也都是靠手帕追到的。

該新聞雖沒有提到「手帕與人間情」細節，但若參考《讀者文摘》1999 年 11 月「人生的倚靠：爸爸去了，但父女間似乎音訊仍通」（Sherry H. Hogan 撰）或許我們可推想一二。該文開頭：水手面對驚濤駭浪，倚賴燈塔的燈光為他指引航向。她所倚賴的「燈光」則是父親的手帕。

她回憶：「父親的手帕用途可真多。假日裡，我家那輛老舊旅行車載著五個吵吵嚷嚷的孩子、一條狗、一隻貓，和兩個給折騰得筋疲力盡的父母在路上吃力地行駛，車窗上就繫著一條白手帕，像一面白色旗幟，隨時準備處理後座發生的災難——揩乾冰棒融化的水，或擦拭雞蛋沙拉三明治流出的醬汁。真想不到，一方平平淡淡的棉布手帕居然喚起了如此多的回憶。」

此外，她父親用手帕為打架受傷的貓咪包紮傷口，用手帕當魔術道具表演銅板失蹤的把戲，或在她少女時期曾因失戀而藉由父親遞過來的手帕才止得淚水。她 20 歲時，為獨自遠行歐洲而離情依依、眼淚汪汪。她父親遞手帕安慰說：「你會發現，這會是你人生最有價值的體驗之一。相信我。」並向她眨眼。她回國，在機場人群中，第一眼看到的就是她父親在人群中揮舞的白手帕。

手帕與生死情

她兩次流產後，終於生下女兒，她母親高興地用爸爸的手帕捂著臉哭了。大約 12 年後，她離婚了，和女兒即將共同面對另一種生活。不用說，這段時間又一再用上父親的手帕。父母親擔心她回到冷清的住處會感到孤獨而約定，回到家打電話報告：「嗨，爸爸是我，我到家了。」

當時她父親已罹癌 10 年。1997 年耶誕節，已是癌末。為送父親最後的耶誕禮物，兄弟姊妹商量後，她建議送父親手帕：繡著代表他名字 R 的名貴麻紗手巾，以及她父親常用的棉布手帕，裝成三個禮盒。當她父親打開時說：「嘿！你們是怎麼知道的？」並扮鬼臉笑說：「正是我想要的。」

當父女倆商量怎麼寫訃聞的時候，她望著那雙45年來看著兒女的慈祥眼睛，淚如泉湧，喉嚨哽塞對父親說：「你……一直都在照顧我，爸爸。」她父親遞過手帕回答：「是啊，以後也還會照顧你，只不過方式不同而已。相信我。」十天後，她父親去世。

她在喪親之痛難忍時，淚眼矇矓地瞥到繡著精美R字的新手帕從她父親的椅子下露出來。她覺得那是爸爸向她報信說：「嗨，女兒，是我。我很好。我到家了。」似乎也讓她想起耶誕節送禮時，她父親對她說「那些貴的留到更重要的時候用」的深意。

——— 原刊於《人生》雜誌430期（2019年6月）

9 學習佛學研究的範例

最近，敝人所指導的學生之學位論文將出版，請我寫序。此學生可自行規畫研究，也能逐步實踐老師所提供的建議，或可以作為其他學生的範例，也請方家指教。

一｜明確且長期發展性研究目標

此學生從大學時期（2003 年）接觸《清淨道論》，緣起是 2010 年讀到《解脫道論》簡介，覺得此論是一部值得研究的修學指南典籍，因此考入佛教學系後，便定下此論的四年（2012 ～ 2016）研讀計畫，作為學位論文的研究目標。

我認為這是「解行並重」、「學以致用」與「學習與學位兼顧」的好構想。敝人也以在日本東京大學攻讀碩博士學位期間（1987 ～ 1992）之

《瑜伽師地論．聲聞地》研究目標為例，說明敝人藉此探討「聲聞瑜伽師」（解脫道修行者）的種姓論、資糧論，以及「所緣」（禪定對象）與「所依」（身心）轉換機轉，以便學習佛教修行階位與境界。1992 年回國後，任教於國立臺北藝術大學，延續「合乎倫理的外在行為習慣」（戒律）、「調整內心情緒反應與思考模式」（禪法）的主題，1999 年將十篇相關研究論文結集出版《戒律與禪法》，作為教授的升等著作，希望學生們可以確立長期發展性研究目標。

二｜精讀研究目標「基本文獻」的計畫

由於《解脫道論》是他的研究目標之基本文獻，在 2014 年 2 月，他主動交給我他的《解脫道論》12 卷的解讀計畫：「預定以每個月精讀 1 卷的進度，從 2014 年 2 月 10 日開始，到 2015 年 2 月 10 日完成。」並且，他在通過畢業論文口試（2016 年 3 月）之後，不僅有此論文的出版計畫，也可將其研究目標文獻《解脫道論》的精讀筆記（科判、標點、校勘、注解、難解文句解讀）整理為「校注篇、補注篇」出版計畫（2016 年 9

月），產生多層次的學術成果分享。

在這方面，敝人會以自己寫作碩博士論文時，精讀《瑜伽師地論．聲聞地》的筆記，以及近年執行科技部「人文社會經典譯注計畫」之梵本《大乘莊嚴經論》譯注計畫（2014 ～ 2017）為例，提供學生們參考。

三｜精讀與研究目標「相關論文」的計畫

對於與研究目標「相關論文」的研讀，即「文獻回顧」，他翻譯、精讀日本學術界特別重要的研究成果，並且在通過學位論文口試之後，與原作者聯繫取得同意，發表四篇於相關期刊，自利利人。

在這方面，敝人會建議學生們，使用書目管理資訊工具（例如：Zotero），因為可以比較容易對於相關論文，建立長期收集、管理、筆記、引用、分享，以及合作的機制與習慣。對此，敝人常以近年來個人的研究目標梵本《大乘莊嚴經論》為例，我以 Zotero 整理百年來的此論研究簡史，統計評析於 2012 年發表論文〈梵本《大乘莊嚴經論》之研究百年簡史與未來展望〉，也可作為未來建構相關資料庫的準備。

四｜撰寫與發表論文與長養「聞思修」三慧

在他準備與撰寫此畢業論文時，能養成隨緣撰寫與發表論文的習慣，從 2012 年到 2015 年發表了五篇論文。2016 年 3 月，敝人指導他完成學位論文之後，覺得應該將上述的模式加以推廣。同年 4 月，敝人定期舉辦三學研究會，由研究生輪值發表學位論文相關問題，或精進研究議題。

會中，敝人常提醒學生們以此學生為榜樣，除了撰寫學位論文之外，也可以養成選譯所研讀的論文或著作，隨緣發表於期刊或網誌（Blog，部落格），以及養成於「維基百科」（Wikipedia）條目撰寫相關術語或人物的習慣，善用 Web 2.0 時代，以便廣泛地分享，發展為更具互動性與分享性之開放性學術研究環境，或許可稱為 Science 2.0。

此外，「三學研究會」更重要的目標，是長養「聞思修」三慧，猶如《瑜伽師地論》卷 77 所述：

聞所成慧、依止於文、但如其說，未善意趣，未現在前，隨順解脫、未能領受成解脫

義。思所成慧、亦依於文、不唯如說，亦善意趣，未現在前，轉順解脫、未能領受成解脫義。若諸菩薩修所成慧，亦依於文、亦不依文，亦如其說、亦不如說，能善意趣，所知事同分三摩地所行影像現前，極順解脫、已能領受成解脫義。

希望學生不只是學習研究與撰寫論文，更重要的是能隨時隨地「三摩地所行影像現前」，如同《解脫道論》、《清淨道論》中，如下三階段的學習歷程：1.「遍作（準備）相」是屬於五識的認識作用。2.「取相」雖屬於意識的認識作用，但在把握所緣的鮮明度和純粹性上，尚未達到禪定的標準。3.「彼分相」（似相，相當於〈聲聞地〉相似所緣之有分別影像、無分別影像）乃屬於意識的認識作用，且在把握所緣的鮮明度和純粹性，可以讓「五蓋」（貪欲、瞋恚、昏沉、掉悔、疑）次第鎮伏，止息煩惱，以近行定等持於心，進而開展解脫道的智慧或菩薩道的慈悲，才是學習研究的醍醐味，與大家共勉之。

——— 原刊於《人生》雜誌406期（2017年6月）

10 全方位學習與「戒定慧」三學

2019年秋，新學期初的校務發展共識營，老師們討論到如何幫助學生「學以致用」於未來的職場、道場、家庭、社會等的議題。但我們也知道社會或個人的因緣變化無常，時代潮流瞬息萬變，地域文化差異無窮，學生們不可能只靠學校所規畫的課程來因應，需要自我培養「全方位學習」態度與規畫。對此，敝人提供如下淺見與經驗，敬請指教。

博雅教育「工」型人才培養面向與「戒定慧」三學

拙文〈法鼓文理學院博雅教育的三特色〉（《人生》雜誌374期，2014年10月）提到「博雅教育『工』型人才培養」，其實，這也是佛教

「由戒生定，由定生慧」之「戒定慧」三學的面向。因為除了倫理與守法習慣（戒），「博」學多聞「終身學習（例如：閱讀、記錄、研究、發表、實行）與「雅」健生活身心健康（例如：微笑、刷牙、運動、吃對、睡好）」的生活習慣（戒）基礎（「工」之下橫），有助於縱向深度（「工」之中豎）專業能力（定）之培養，進而橫向廣度（「工」之上橫）跨領域全方位智能（慧）之開展。這是「全方位學習」態度與規畫類型之一。上述的生活習慣（戒），敝人曾多次發表，不再贅述。以下就其餘兩者，野人獻曝。

定學：專業能力

專業能力培養是「傳承與創新」交融，創造力也即是對於「傳統」文化領域（domain）被改變（創新）的過程。因此，敝人在上課、聽演講時，會作「假如我是講者」方位轉換觀想，期許「自己也可分享此論題於有緣人」，會用 Evernote 之類網路服務功能記事本（見拙文〈「阿賴耶識」記事本：聞思熏習、轉識成智的方便法門〉，《人生》雜誌 333 期，2011 年 5 月），作輸入或手寫文字、錄音、拍照、網頁剪輯等記錄與創作，在不同的裝置間同步與瀏覽，藉由「記事本」與「標籤」的功能來管理（分類、搜尋等）或分享資料，以圓滿「傳承與創新」而回饋社會。

拙文〈禪定、心流與創意〉（《人生》雜誌 2018 年 6 月）曾引用芝加哥大學心理學系彌海．契克森彌海教授出版《創造力：心流與創新心理學》等系列書籍說明：富有創造力的人之間千差萬別，但有個共同點，他／她們都樂於創新，樂於讓不斷地面對新挑戰與充實新能力成為動態平衡，行動與覺知合一，從中體會到「心流」（flow）經驗，這是屬於自發性、高度專注的意識流注狀態。我們覺得這或許類似佛教四種層次禪定之共同點：「心一境性」（身心輕安、專注）狀態，這對「傳承與創新」交融有益，因為可以將資源有限的注意力專注於「有價值且具可行性」的研究方位。

「是否有價值」的方位，需要放在特定領域的脈絡中去評估，所以需要作古今中外的文獻回顧與評析，若能善用一些書目管理軟體，例如 Zotero、Mendeley、EndNote 等，可以事半功倍。

「是否具可行性」的方位，需要拿出適當的論據與具體的例子來說明，若能善用一些筆記文書軟體與功能，例如：方便於作科判（章節分析）之Word的「檢視／功能窗格」功能，或XMind之思維導圖（mind map）等，有助於學習與記憶。此外，也可以善用Scrivener或Ulysses等寫作編輯軟體，來建構適合自己的最佳書寫環境。

除了上述的理性分析或創作方式，也隨時嘗試「體現的認知」（embodied cognition）方位，例如藉由「讀誦、實作」等身心體驗，將學習內化。

慧學：全方位智能

全方位智能之開展，需要具備跨領域知識體系的心胸與深廣化的學習方位。我在中華佛學研究所時期（1982～1985，個人電腦未普及的時代），參考中文圖書分類法編號，配合自己的相關專業領域，運用於「中央卡系」之四個邊緣有專利打孔設計的卡片，希望能盡可能網羅人類所有知識，以便作深廣的知識管理。至今這些全方位的分類原則也沿用到我的「教學、研究、服務」等老師職務之資訊檔案管理，以及上述Evernote記事本分類，以及Kindle、Readmoo、Zinio等電子書雜誌的選讀，或gTasks與google行事曆的待辦事項、行程與靈感的管理。

敝人在日本東京大學之留學時期（1986～1992），除了佛學研究專業之外，敝人也規畫學習日本放送大學（類似臺灣的空中大學）的課程。回國後，維持聽NHK電台相關節目，網路時代的現在，我是聽NHK新聞雜誌「播客」（podcast），以及美國科學促進會（AAAS）之《科學》（*Science*）學術週刊「播客」（https://www.sciencemag.org/podcasts），以便溫故知新。

此外，敝人也隨緣注意課外活動學習的方位，參加各類社團、學生自治團體、演講、研討會乃至法會，也會作「假如我是當事人」的方位轉換，期許「自己也可辦理此活動，利益有緣人」，對於海報、宣傳、報到處、會場、開閉幕、善後、司儀、主持人、講者等各個環節及各種角色之全方位，也作Evernote記事，以便日後參考。如此「福慧」資糧的積聚，或許是建設「人間淨土」的學習心態。

——— 原刊於《人生》雜誌434期（2019年10月）

chapter 4

社會擂台

佛教與當代社會的對話

1

2018 年 6 月 20 至 22 日，德國漢堡大學舉辦「佛教與當代社會的對話」（Buddhism in Dialogue with Contemporary Societies）國際會議，邀請來自漢傳、南傳、藏傳等不同傳承的 20 位佛教學者發表與交流。敝人有幸受邀參加，於此簡述一些心得如下：

隨緣？不變？

此次會議緣起提到：佛教西傳後，在「猶太──基督」文化脈絡，與歐洲啟蒙、人權等價值產生對話，然而佛教有哪些策略，可以既保有核心教義或修行，同時因應在地需求，對當今社會做出貢獻？因此，分如下五個場次進行：

（一）「佛教內部與跨宗教之間對話的佛教

推動力——傳統與現代之間的佛教」（Buddhist Impulses for Intra-Buddhist and Interreligious Dialogue–Buddhism Between Tradition and Modernity）。

（二）「哲學與應用倫理學」（Philosophy and Applied Ethics）。

（三）「道德與冥想——侵略，暴力與和平」（Ethics and Meditation: Aggression, Violence and Peace）。

（四）「世學應用的推動力——正念、心理治療、教育、心靈關懷與醫療應用」（Impulses for Secular Domains–Mindfulness, Psychotherapy, Education, Pastoral Care, Medical Applications）。

（五）「入世佛教——當代議題」（Engaged Buddhism–Contemporary Issues）。

心靈環保講座：斷裂的時代之戒定慧

敝人於第四場次，以「因應斷裂的時代，培育戒定慧：以法鼓文理學院之『心靈環保講座』為例」為題，說明麥肯錫全球研究所（McKinsey Global Institute, MGI）2015 年出版 *No Ordinary Disruption*（《非常顛覆／驟變》），提出讓 10 億人脫貧的四大全球力量（新興市場都會化；科技驟變；人口老化；貿易、人力、資金、資訊之全球大連結）形成「斷裂」之新常態，因此我們需要回歸教育原點，善用「持戒→無悔→歡→喜→輕安→樂→定→如實知見（慧）……」的修行次第，培育終身學習「博學多聞」五戒（閱讀、記錄、研究、發表、實行），養成身心健康「雅健生活」五戒（微笑、刷牙、運動、吃對、睡好），打破記憶的健忘乃至偏頗、糾纏等各種錯認直覺，培養佛教之無常驟變的如實知見，釋放眾生內性（博雅習性），這也是法鼓文理學院「心靈環保講座」博雅教育的目標。

傳統、現世、即效佛教

此次會議之發表與討論的時間充足，可暢所欲言，個人觀察所論辯的焦點似乎有如下兩方面：

首先，長老菩提比丘（Bhikkhu Bodhi）將西方當代社會的佛教發展型態，分為：傳統佛教（Traditional Buddhism）、現世佛教（Secular Buddhism）、即效佛教（Immanent Buddhism）等三類。

「傳統佛教」是指接受佛教傳統規範教義的人，特別是業力、輪迴、涅槃。

「現世佛教」（http://secularbuddhism.org/about/guiding-principles/）將佛陀理解為人類；將四聖諦理解為對生活經驗的正確、實證的描述，以及理解社會行為和心理發展的方法論；將實踐者之社區理解為社會正向發展的主軸之一。菩提長老認為「現世佛教」在西方已成為一種普遍的現象，它排除一些傳統教義，或做出與自然科學的現代世界觀相容之新解釋。

「即效佛教」是菩提長老自創的用語，描述那些為了心理學或精神上的即時效益，而接受佛教教義的佛教徒，例如：精神磐石禪修中心（Spirit Rock Meditation Center）的傑克．康菲爾德（Jack Kornfield）。他們不在意佛教實踐的傳統教義背景，與世俗佛教徒不同，他們不一定排除與科學不一致的教義，而是不感興趣，因為這不是他們接受佛教修行的原因。

個人認為：佛法猶如大海，可納百川，所以有「五乘共法」、「三乘共法」、「大乘不共法」的層次，提升生活品質的人天乘、解脫生死的聲聞乘，以及捨己為人的菩薩乘，都可以互相交流成佛法大海。

佛教與科學：意識的歧路

此外，有關佛教與科學的對話，美國艾倫·華樂思（B. Alan Wallace）博士發表〈從佛教的觀點看激進經驗主義的精神回歸到科學和宗教〉（Restoring the Spirit of Radical Empiricism to Science and Religion: A Buddhist View），以及德國克里斯托夫·斯皮茲（Christof Spitz）發表〈除了佛教以外，所有條件的東西都是無常的？〉（All Conditioned Things are Impermanent, Except for Buddhism?），雙方有持續性的辯論。兩位雖然同屬於藏傳佛教體系，也都與達賴喇嘛有深厚的因緣，但是前者對於「激進經驗主義」科學研究取向，保持強烈批評的態度，特別是有關「心、意、識」的研究，後者似乎不以為然。

此歧異點，似乎是從 1989 年第二屆「心與生命研討會」（The Second Mind and Life Conference）達賴喇嘛與六位腦科學家的對話因緣就開始了，從該研討會的紀錄書籍 *Consciousness at the Crossroads: Conversations with the Dalai Lama on Brain Science and Buddhism*（《意識的歧路——與達賴喇嘛討論腦科學與佛教》）也可以看出端倪。

達賴喇嘛基於西藏佛教重視輪迴轉世的傳統，主張若能提高意識的力量，可喚醒前世記憶。這種與輪迴轉世相關、似乎獨立於腦之外的「極微細層次」意識，是腦科學家們無法以實證科學而認同的，因此又成為此次會議辯論的焦點。

但是，佛教是以「十二處」（內六根、外六境）來觀察身心關係，眾生的認識作用，不可能獨自存在，要依於感官（六根）與境界（六境）的因緣，如此可破除對「自我」（或靈魂）的執著。因此我們若回歸「緣起無我」的教義，意識與腦科學的對話或許不會產生「歧路」。

——— 原刊於《人生》雜誌421期（2018年9月）

佛學資訊之未來發展：語意網?!

2

2016 年 10 月 22 至 23 日，敝人受浙江大學佛教資源研究中心何歡歡主任之邀，參加該中心與哈佛大學、哈佛燕京學社聯合舉辦的「佛教研究新趨勢國際學術研討會」，包括哈佛大學南亞系系主任帕替爾（Parimal Patil）等近三十位學者與會。研討主題如下 1. 佛教資源之數位化；2. 佛教多語種文獻之合作研究；3. 佛教哲學思想之跨區域研究；4. 佛教研究的未來發展。

佛教通用數字檔案館

浙江大學副校長、佛教資源與研究中心理事長羅衛東在開幕式致詞時，提到：古典文獻學是浙江大學的優勢學科，目前浙大在基督教、佛教、道教、伊斯蘭教等宗教學領域都有所投入和布局。因此，此中心目標是致力於保存和共享佛教資源，發展並深化佛教研究，將與哈佛大學、國際文獻保護基金會簽約，聯合創建並運營大型綜合性佛教專業數據庫——「佛教通用數字檔案館」（Buddhist Universal Digital Archive, BUDA）。接著是東京大學齋藤明教授的主題演說，他將佛學分為研究（research）和資源（resource）兩方面：前者包括校勘本、翻譯、文章、書籍等；後者則有寫本、碑文、繪畫、雕塑等。上述又有紙質（paper）與數字化（digital）的不同形式。最後，他介紹「佛教用語用例庫」Bauddha kośa（A Treasury of Buddhist Terms and Illustrative Sentences）研究計畫網站的發展現況。

從此次會議，可看出大陸高教體系積極發展佛學資源的研究動向，他們有其歷史久遠、地域廣大、人口眾多的資源優勢，值得關注；臺灣的佛學界如何調整自己的定位，截長補短，合作交流，是未來必須思考的議題。

佛教研究新趨勢國際學術研討會議程

論文名稱	發表人
新世代佛學數位研究資源發展趨勢：整合協作與量化分析	惠敏法師、洪振洲（臺灣法鼓文理學院）
數位人文之佛教研究多使命旨在開發數位時代藝術人文研究的全部潛力	下田正弘（日本東京大學）
SAT 數據庫的技術層面：鏈接文本與圖像	永崎研宣（日本東京大學）
晚清民國時代的佛教影像：利用網絡數據庫進行的圖像學研究	王頌（中國北京大學）
南北朝佛教解經的重點與方法	李四龍（中國北京大學）
如何開放地編輯佛典？	司空竺（Jonathan Silk；荷蘭萊頓大學）
日本的經錄研究	落合俊典（日本國際佛教大學院大學）
辟支佛何錯之有？	羅柏松（James Robson；美國哈佛大學）
採掘《入中論》	安娜．馬唐納（Anne MacDonald；奧地利學術研究員）
實（實體）之研究：功能、存在、實質、屬性	狩野恭（日本神戶女子大學）
從文本紀錄到歷史輪廓：對加德滿都河谷（尼泊爾）馬拉時代佛教之考察	陶德．路易斯（Todd Lewis；美國聖十字學院）

佛教徒為何爭論？	帕替爾（Parimal Patil；美國哈佛大學）
漢譯喜金剛和道果法文獻考論	沈衛榮（中國清華大學）
缺乏佛教語文學之佛教哲學是否可能？	多吉旺秋（德國漢堡大學）
法教與實修的系統教育	了意法師（臺灣世界宗教博物館）

語意網與LOD

以下是敝人對此定位議題的想法，提供方家指教。

敝人在此次研討會提到：新世代佛學數位研究資源發展趨勢是：從 Web 2.0（參與互動網）向 Web3.0（語意網）發展；從 Data base（資料庫）向 Knowledge base（知識庫）發展。因為，1989 年全球資訊網（World Wide Web）的發明者提姆．柏納—李（Tim Berners-Lee）在 2009 年 TED talks 以「The next web」（下一代的網路）」為題，期待大眾發展「語意網」（Sematic Web）與 LD（Linked Data；鏈結資料）的呼籲。因為，隨著大量資料在網際網路湧現，如何讓「機讀」（Machine readable）資料（搜尋功能；資料庫），成為「機解」（Machine understandable）資料（推理功能；知識庫），形成一個讓電腦能夠直接或間接處理的資料網（Web of Data）。

所謂「鏈結資料」主要由三個部分組成：以「統一資源識別碼」（Uniform Resource Identifier, URI）表示任一事物，以「超鏈結傳送協定」（Hyper Text Transfer Protocol, HTTP）作為傳送 URI 的機制，以「資源描述框架」（Resource Description Framework, RDF）描述資源屬性（property）。若使「鏈結資料」（Linked Data）又是「開放資料」（Open Data），則稱為 LOD（Linked Open Data，鏈結開放資料），可產生更多的價值。根據 2014 年的「LOD 雲」狀況（State of the LOD Cloud）報告，全球約有 1014 個（2011 年僅 295 個）資料集（dataset），例如：DBpedia、Open Library 等。

目前，法鼓文理學院法源法師也有「Buddhist Ontological Wordnet 之建構方式研究」的構想，參考「語意網」的概念，將佛教傳統知識架構（例如：科判），建構語意網之 Ontology（知識本體）。例如：「定學」的「類別」（Class）可找出「子類別」（Subclass）：樂遠離、清淨諸蓋、依三摩地……；「依三摩地」再有二個子類別：三三昧、四靜慮，其中「三三昧」有三個「個例」（Individual）：有尋有伺三摩地、無尋唯伺三摩地、無尋無伺三摩地，可用「屬性」（Property）：hasFormer（有前者）及 hasLatter（有後者）表示前後之順序關係。如此的佛教語意知識架構，若又是 LOD，對於佛學知識的學習、研究、教學等層面，會有突破性發展。

——— 原刊於《人生》雜誌402期（2017年2月）

2017 星馬法緣散記

3

多年來，敝人與星馬法緣匪淺，2017 年暑假有如下的弘法邀請，散記微薄心得如下，感恩諸多善知識護持。

檳城：供養師事、恭敬分享

8 月 4 日至 6 日，於馬來西亞檳城三慧講堂繼傳法師所邀的《大乘莊嚴經論》「供養與師事」研習營，以及「二時臨齋儀之飲食教育」演講，敝人共勉學習菩薩道之「六度行」、「四攝」自利利他圓滿，但若貪著自身受用，將成障礙，故應修「供養」諸佛與一切眾生，與「師事」善友對治貪著；若修「四無量心」，視一切有情如獨子，則利他行可不退轉。

「供養、師事」是「恭敬分享」物質、體力、知識等，猶如《科學人》之〈運動未必減重 演化告訴你〉（2017年3月）報導：

> **若人類每日能量消耗沒有隨演化歷史改變，肥胖主因則是攝取的熱量。如同非洲原始狩獵部落的人，或許會空手而歸，但還可開心回家，因為發揮人類最聰明的武器「分享」來對抗飢餓。分享的遺傳特性在人類歷史已經根深柢固，或是祭典、節慶、聚會……將我們的命運彼此聯繫合作，否則無法長久共存。**

亞庇：心智科學、唯念與唯識

8月8日至9日，受馬來西亞亞庇之寂靜禪林開印法師所邀之「心智科學」座談會，由檳安醫院心臟專科醫生陳昌賜醫生與敝人與談，沙巴大學工業化學科系侯秀英副教授當主持人。

敝人以「宗教與心智科學」為題，報告心智科學對宗教經驗的近代史，從威廉．詹姆士（William James）教授之《宗教經驗之種種》（*The Varieties of Religious Experience*, 1902年），乃至安德魯．紐柏格（Andrew Newberg）醫師之《神經神學原理》

（*Principles of Neurotheology*, 2010 年），以及介紹臺灣朱迺欣醫師之《打坐與腦》（2010 年），還有美國詹姆士．奧斯汀教授之《直觀無我：禪與心識轉變》（*Selfless Insight: Zen and the Meditative Transformations of Consciousness*, 2010 年）之主格的我（I）、受格的我（Me）及所有代名詞的我（Mine）之正面或負面適應性的腦部變化，由此推論或可檢驗到禪修者體驗見性（無我）的狀態。

座談時，討論以科學儀器判斷禪修者開悟，是否為適當的議題。敝人認為，可以採取開放的思考，因為古代的修行也是有檢驗方式，而宗教與科學合作，或可更了解心智運作機轉與評量準則，有助於人類心智發展。

寂靜禪林與慈音寺林主席所邀之「四念處與唯識觀」的演講中，敝人解說《瑜伽師地論》遍滿所緣（禪修對象）之同分「影像」，或「唯智、唯見、唯正憶念」之「相似」所緣，是屬於意識之作用對象，若把握此「意象」之鮮明度和純粹性，可鎮伏五蓋（貪欲、瞋恚、昏沉、掉悔、疑），生起禪定。

這與《大乘莊嚴經論》之〈求法品〉所提出「唯名、唯識」之禪修過程有關，也可能是源自《大念處經》每階段禪修反覆觀察的四個步驟（內、外、內外；生、滅、生滅；唯知與唯念；無所依而住，不貪著世間）。

所以，時時觀照觸景生情之「意象、影像」是什麼，這是關鍵（唯），消除「所緣、所取」（外境）的分別心，消除「能緣、能取」（內識）分別心，因而體悟眾生平等性（真如），捨智頓刻圓融，悲願油然湧現。

新加坡：驟變時代之內性（博雅習性）

8 月 12 日至 13 日，應新加坡漢傳佛學院（Institute of Chinese Buddhism）莊主席等人所邀，參與「在驟變時代釋放內性」（Unleashing Intrinsic Qualities to Succeed in This Era of Disruptions）論壇。

根據麥肯錫全球研究所（MGI）2015 年出版 *No Ordinary Disruption*（《非常顛覆／驟變》），提出讓 10 億人脫貧的四大全球力量（新興市場都會化；科技驟變；人口老化；貿易、人力、資金、資訊之全球大連結）形成「驟變」、「轉變」之新常態（the "new normal" of shifts），打破（break）過去所根據的假設和經驗而推測某些長期趨勢（trend），我們需要「重設你的直覺」（reset your intuition），以因應充滿機會卻令人不安的新挑戰。

如何打破慣性思維，重新設定自己的心智導航系統？敝人提出：從腦科學對於習慣的研究，如何經由 Evernote、具備跨平台、網路服務功能的記事本軟體，「阿賴耶識」記事本（詳參《人生》雜誌 333 期，2011 年 5 月），打破記憶的健忘，乃至偏頗、糾纏等各種錯認直覺，養成終身學習「博學多聞」五戒（閱讀、記錄、研究、發表、實行），以及經由「番茄工作法」時間管理法，改善「拖延」、專注工作、增進效率與保養眼睛、脊椎，養成身心健康「雅健生活」五戒（微笑、刷牙、運動、吃對、睡好）。

「戒」的梵語是 śīla（音譯：尸羅），是行為、習慣、性格等意義，一般常稱好習慣為「戒」，「持戒→無悔→歡→喜→輕安→樂→定→如實知見……」的修行次第，培養佛教所謂「人命在呼吸之間」的無常驟變的如實知見，釋放眾生內性（博雅習性），善用科技以賦予更多人機會。

未來二十年，上述四大推力會再推動全球 30 億人晉身中產階級，期待未來是「博學多聞有悲智、雅健生活樂和敬」的世界，這也是法鼓文理學院博雅教育的目標。

———— 原刊於《人生》雜誌409期（2017年9月）

助聽喇叭與「調」聲救苦

4

2017 年 2 月 27 日，敝人從 NHK 廣播雜誌（ジャーナル）聽到，「助聽喇叭」（comuoon）開發者 Universal Sound Design 公司董事長中石真一路（Shinichiro Nakaishi）先生的採訪，深受其「社會企業與創新」的理念與實務所感動。

8 月 31 日，敝人應邀到臺灣社會影響力研究院之「社會影響力與社會價值公益講座」，演講「心靈環保與社會價值：以「博學雅健」生活型態與銀光經濟為例」，以此助聽喇叭的開發為實例，參考相關資訊（https://fabcross.jp/interview/20160128_comuoon_01.html）介紹如下：

超高齡化社會與聽障問題研究

日本聽障者人數推估有 1500 萬人，約占人口比率 10％；世界聽障者人數推估有 5 億人（2015 年），到 2025 年將達到 9 億人，約占 11.3％。聽障原因有老化、先天、噪音、突發等四類，在日本，主因是老化。聽障類型有三種：傳音、感音、混合，其中，感音性聽障以老化、突發性居多，目前尚無理想的治療方法。傳音性聽障可以助聽器改善，但在日本聽障者之助聽器使用率只有 14.1％（英國 41.1％），使用率不高，主因是羞於戴助聽器、周圍聲音也被擴大，以及操作不易等。若不用助聽器，溝通需要提高聲量，猶如吵架氛圍，容易引發情緒不適，減低交流意願。

記者問中石先生：「您原本在錄音公司工作，為何轉向創新、研發貢獻社會、解決問題的產品？」他回答，因遇見慶應義塾大學武藤佳恭教授之機緣，開始投入在音樂會等場所使用之喇叭開發計畫。該喇叭雖可將聲音傳播更遠，但在音質上沒達到音樂會等所要求的水準，因此沒有被採用。「但是，該喇叭卻有可讓聽障者聽得清楚的特色。我的父親與祖母都是聽障者，讓我對此喇叭產生研究興趣。」

但是研製讓聽障者聽清楚之喇叭計畫被質疑：「錄音公司為何需要研發聽障喇叭？」因不被認

同而停頓。2011 年，發生東日本大震災，中石先生反省：「工作意義為何？是否有更可以助人的工作？」因此發願「公司若不做，我自己繼續研發」，願將此生奉獻於協助聽障者的事業。因此與公司主管談判，取得同意，一邊從事公司業務，一邊成立研發聽障者喇叭之非營利法人。隔年（2012 年）4 月與聽障的父親共同成立 Universal Sound Design 公司，從錄音公司離職。

「調」聲救苦

聲音是人類溝通的重要媒介，觀世音菩薩「尋聲救苦」，若眾生身處水火刀杖等苦惱恐怖，而稱念其名號，菩薩尋其音聲，予以救護。中石先生雖不是音響工程專家，也非醫師，但願意終身學習，奔波請教，結合音響工學之「音壓度」與耳科醫學之「聽力度」兩方面專家之知識，成為「易聽聲音」研究者。

因為 1000Hz 以上的周波數帶，是言語明瞭度的關鍵，但是此周波數帶的聽力隨著老化而下降，可聽到聲音，但不清晰，人腦無法將該聲音作為言語辨識而成為聽障，特別是子音的辨識，例如：聽障者難以分辨 Sato（佐藤）與 Kato（加藤）。

為讓人腦將該聲音作為言語辨識，以 Honeycomb Flat（蜂巢板）的喇叭增強高音域，即可幫助輕度聽障者。音箱細長化，鳴音部向後垂，可「調強」1700Hz 周波數，這可讓人聲清晰化。如此「調」聲救聽障者苦，有別於傳統助聽器只是「擴大」所有（言語與周圍）聲音，改善助聽器之不清晰、不舒適的問題。

中石先生認為：領導者若能經常學習，可以適時指示「希望以何方法解決何種問題」。此後，則是工程師與設計師的本領了。領導者的求知精神會帶動專業工作者的熱情，自發地努力產生預期以上的成果，這或許也可以作為有志於社會企業者參考。如同敝人在法鼓文理學院（Dharma Drum Institute of Liberal Arts）之「文理學院教育」（Liberal Arts Education，博雅教育）的辦學方針，與培育博學多聞（終身學習：閱讀、記錄、研究、發表、實行）、雅健生活（身心健康：微笑、刷牙、運動、吃對、睡好）的博雅教育校園文化相符合。

無障礙之傾聽交流環境

過去的社會是聽障者（弱勢）配合健聽者（優勢）戴「助聽器」；在合乎人性之「無障礙環境規畫」時代，健聽者以「助聽喇叭」主動接近聽障者，成就無障礙之傾聽交流環境，是文明社會的指標之一。中石先生以此想法號召有志者成立社會企業，研製團隊願意「真心入魂」製作「真產品」（有別於一般的商業產品），投資者了解產品對社會的貢獻性，不以營利為目的，而是真誠協助。

2016 年 4 月，日本開始實施《消除殘障者差別法》，對殘障者，行政機關有法律義務、民間有努力的義務，消除不當的差別待遇。因此，鄉鎮區公所、醫院、銀行、車站等公私部門的服務窗口，開始導入助聽喇叭，特別在醫院診療室，醫療人員與聽障病人的溝通交流更是重要，因生命攸關之故。這種無形的「無障礙空間」值得我們一起努力，因為這也是人間淨土的指標之一。

——— 原刊於《人生》雜誌410期（2017 年10月）

5

2017波羅的海三國演講行：愛沙尼亞、拉脫維亞、立陶宛

2017 年 10 月 9 至 13 日，政治大學林鎮國教授與敝人受邀參加拉脫維亞大學與駐拉脫維亞臺北代表處，向文化部臺灣書院的「臺灣研究及漢學研究」申請的「信仰之樂土：臺灣的佛教與佛學教學」（The Island of Faith：Buddhism and Buddhist Teaching in Taiwan）演講、研討會等系列活動。

此活動是由政治大學哲學系博士生（曾在拉脫維亞大學亞洲學系任教）艾恪（Kaspars Eihmanis）聯繫規畫，駐拉脫維亞臺北代表處大力支持，拉脫維亞大學中文漢學系柯世浩（Frank Kraushaar）教授則沿途陪同，並擔任主持人，非常感謝這些善因緣，讓我得以參與此促進臺灣與波羅的海三國（愛沙尼亞、拉脫維亞、立陶宛）學術與文化交流之活動。

波羅的海三國簡介

波羅的海三國（Baltic states）在地緣政治上，位於歐洲東北，西濱波羅的海，北臨芬蘭灣，長期受周圍大國（俄國、波蘭、德國、瑞典等）影響。1917年獨立，1940年被蘇聯併吞，1991年隨蘇聯解體而再次獨立。其相關基本數據與臺灣相較，如下表所示：

單位	臺灣	愛沙尼亞	拉脱維亞	立陶宛
面積（平方公里）	3萬5千	4萬5千	6萬4千	6萬5千
人口	2300萬	131萬	199萬	294萬
人口密度（每平方公里）	639人（2位）	28人（188位）	34.3人（166位）	50.3人（120位）
語言		芬蘭——烏拉爾語族	印歐語系	印歐語系
宗教		不到1/3人口信教，多數為基督教，俄羅斯人信東正教	天主教50萬人，基督教45萬人，東正教35萬人	天主教為主、少數地區是東正教、基督教或猶太教
人類發展指數（2016年）	0.885（27位）	0.865（30位）	0.830（44位）	0.848（37位）

波羅的海三國的面積都比臺灣大，但人口密度低，地勢平整，寂寥恬靜。其中，人類發展指數（Human Development Index，是用以衡量一國於健康、教育及經濟領域之綜合發展成果，值介於0～1之間）臺灣排名27，介於義大利（0.887）、西班牙（0.884）之間。愛沙尼亞排名30，介於捷克（0.878）、希臘（0.866）、汶萊（0.865）之間。立陶宛排名37，介於波蘭（0.855）、智利（0.847）之間。拉脫維亞排名44，介於匈牙利（0.836）、阿根廷（0.827）之間。

愛沙尼亞塔林大學：相似（鏡像）所緣（禪定對象）

我們活動第一站是愛沙尼亞首都的塔林大學（Tallinn University），由於塔林大學阿拉里．阿力克（Alari Allik）教授臨時住院，由日文系瑪吉特．尤里卡斯（Margit Juurikas）講師負責接待。駐拉脫維亞臺北代表處吳榮泉大使、張峻偉祕書與柯世浩教授搭了將近4小時的巴士前來會合，令人敬佩。

我以「《聲聞地》中『唯』之意涵與佛教禪

修關係之考察」（An Examination of the Meaning of "Mātra" in Relation to Buddhist Meditation in the *Śravakabhūm*）講演，說明《聲聞地》之「相似」（鏡像、影像）所緣（禪定對象），是以「唯智」、「唯見」、「唯正憶念」（與《大念處經》反覆觀察之「唯知、唯念」之關鍵層面有關）等用語來表達：禪修時應把握此「意象」之鮮明度和純粹性，可鎮伏五蓋，止息煩惱，生起禪定。

之後，有學生問我有關南傳上座部的禪師，對於大乘禪法或禪宗起源有所疑慮的問題，我從佛教隨時空演變或創意，正合乎「因緣所生法：無常、無我（空性）」的法則來回應。

愛沙尼亞旅館之鏡像創意

演講時，我以所住旅館浴室鏡子的標語「您在我（鏡面）所見的美麗是您自己的映像」（The beauty you see in me is a reflection of you）（圖1）為例，說明所謂「相似」（鏡像、影像）所緣（禪定對象）的意涵。因為此家旅館將每件物品都用第一人稱來介紹，例如上述的浴室鏡子的「in me，在我」（我＝鏡子），或沐浴乳則標示「您是否願意

圖 1

圖 2

與我一起沐浴」。

更特別的是，每間房間的房門皆標示有關愛沙尼亞的一個故事（都以「您知道嗎？」開頭），以我所住的房間（故事 833）為例，是「您知道嗎？每一位愛沙尼亞人一年至少去劇院一次」（圖 2），房間內的布置也是上述的主題（愛沙尼亞之戲劇表演劇照）的相框（圖 3）。

這家愛沙尼亞旅館之鏡像巧思與各種創意，讓我好奇，因為我過去只知道 Skype 的通訊軟體（2003 年 8 月問世）是愛沙尼亞人編寫的，因此從《天下》雜誌編譯的網路文章〈不只有 Skype，愛沙尼亞如何成為科技大國？〉（2013 年 8 月 6 日）得知：當愛沙尼亞 1991 年從蘇聯獨立，不到一半的人口擁有電話，但由政府推動政經改革，

圖 3

並發展網際網路等資訊科技，到 1998 年，所有學校都能上網；2000 年，政府也將上網作為人民基本權利。因此，孕育出 Skype 等高科技企業。2012 年愛沙尼亞正式推動「程式老虎（Proge Tiiger）」計畫，教導部分一至十二年級的學生練習寫程式語言，藉此也可訓練孩子的邏輯思考與創造力。

資訊科技對於虛擬與真實之互融、互動及想像，禪修之如鏡像之隨心轉變的經驗，除了可推論「唯識無境」的體悟，可能也是資訊科技創意巧思的泉源。

結束愛沙尼亞拉活動之後，我們一行人搭乘

長途巴士，經過四個多小時的車程，抵達拉脫維亞（Latvia）的首都里加（Riga），進住拉脫維亞國家圖書館（演講、研討會場地）附近的旅館。

拉脫維亞國家圖書館：光明城堡

拉脫維亞國家圖書館位在老城區，成立於 1919 年，新館則在道加瓦河（Daugava）對岸。新館已是里加的重要地標，由活躍於美國的拉脫維亞建築師岡納．比爾克茨（Gunnar Birkerts, 1925 ～ 2017）所設計，在 2014 年首次啟用。比爾克茨的代表作有康寧玻璃博物館（1951 年）、聯邦準備銀行（1973 年）等，也曾擔任密西根大學教授（1959 ～ 1990）。

新館的外觀，象徵著拉脫維亞民間傳說中的玻璃山和光明城堡。相傳此城堡沉入一個古老的湖泊，當拉脫維亞人再次成為自己的土地的主人時，才會從深處浮現。此意象深刻反映：拉脫維亞人由於長期受到外人統治，渴望自由的心情，因而將自由視為希望與光明。

為了新館的啟用，作為「2014 年歐洲文化之都：里加」慶典環節，該年 1 月 18 日，儘管天氣是攝氏零下 12 度，來自全國各地與海外的一萬五千多人成列，載歌載舞，參加了「愛書人鏈：光明之路」（The Chain of Book Lovers: The Path of Light）的活動（https://goo.gl/8CjEZo），氣氛感人。五個小時內，大家將兩千多本紀念性書籍從舊館，傳接 2.7 公里，經過道加瓦河的石橋，運送到別稱「光明城堡」的新館中庭五層高的紀念書架，象徵知識寶庫所散發的智慧之光。該年 7 月，前總統夫人周美青訪問該國時，也受邀參觀此圖書館。

2017 年 10 月 10 日，敝人在此圖書館演講「慈心禪修與其對象之獲得」（Loving-kindness Meditation & How to Attain the Meditative Object），介紹學校「ZEN：『輕安一心』創意禪修空間研究」，以及「慈悲心像：禪修在宗教教育場域的運用研究」等有關禪修與電腦、腦科學之跨領域研究成果。11 日下午，我於小型研討會中發表「『正念』於臺灣臨終關懷與安寧療護的應用」（The Role of Mindfulness in Hospice & Palliative Care in Taiwan），讓大家了解臺灣在安寧療護領域的軟實力，因為 2010 年臺灣民眾的「善終指標」（Quality of Death Index，《經濟學人》發布）是世界排名 14（40 個國家），亞洲第一；2015 年進步到世界排名6（80個國家），亞洲第一的成果。

此外，當地人說：拉脫維亞人接觸佛教系統，主要是藏傳與南傳佛教，似乎從來沒見過來自漢傳佛教的僧人。當天晚上，主辦者邀請我在該圖書館的靜坐空間，指導禪修一小時，但大家似乎意猶未盡，再延長一小時教念佛法門，互動熱絡，欲罷不能，但限於閉館時間，只能收場。

立陶宛「維爾紐斯大學」：唯名、唯識

10月12日，我們再搭乘長途巴士，經過近四小時的車程到達立陶宛（Lithuania）首都維爾紐斯（Vilnius）。13日，在維爾紐斯大學以「《大乘莊嚴經論》中『唯』之意涵與佛教禪修關係之考察」（An Examination of the Meaning of "Mātra" in Relation to Buddhist Meditation in the *Mahāyānasūtrālaṃkāra*）為題演講，說明《大乘莊嚴經論》之〈求法品〉（11品）第5詩頌之「安心唯有名」的「名」是「非物質性」（名）之「受、想、行、識」之四蘊。此與《大念住經》「反復」之第三個關鍵層面：「唯」為了「知與持續性念」之故＝唯知、唯念有關。

唯識之「境」（所取）無體的觀察，引發「識」（能取）也不可得之體悟（解脫）。修行過程也類似《大念住經》之「唯知、唯念」的觀察，引發「無所依而住，不再貪著世間之任何事物」之解脫過程。問答時間，敝人提到大乘禪法的特色，是提倡容易普及的「三昧」（samādhi，等持），因為可以包含「離欲」的禪定與一般性的專注，因此可發展各種（所謂「百八」）以「利他」為主的三昧。

對岸共和國：「唯名」的藝術國家

1997 年 4 月 1 日愚人節，一些文藝界人士在維爾紐斯老城之維爾尼亞河（Vilnia River）圍繞地區，宣布成立名為「對岸共和國」（The Republic of Uzupis）的「微國家」（Micro-nation，或稱「私人國家」，沒有實質的政治權），或許是「唯名」的藝術家與文化人的集中地，設有藝術畫廊、工作坊、咖啡館等；在入口處，我還發現有西藏帳篷的特產店。此國煞有介事地制定國旗、貨幣、總統、憲法（38 條加「不戰、不反抗、不投降」三個箴言，http://uzhupisembassy.eu）。

其中，憲法第 1 條「每個人都有權在維爾尼亞河邊生活，維爾尼亞河有權在任何人身邊流過」、第 12 條「一隻狗有權去做狗」、第 13 條「貓沒義務愛它的主人，但有需要時就要幫忙」和第 37 條「每個人都有權不擁有權利」（People have the right to have no rights），強調每個人都可根據自己的意願，對每件事情擁有做與不做的權利。這種浪漫的國家宣言不導致政治衝突，或許從「唯名、唯識」、「唯心淨土」的角度容易體會，可帶給我們對實體國家過分執著的省思。

————原刊於《人生》雜誌411、412期（2017年11、12月）

心靈環保與社會價值：照千一隅，此則國寶

6

2018 年 1 月 13 日，法鼓文理學院與政治大學社會科學院，聯合主辦「人文關懷與社會實踐暨世界公益學論壇」，以期發揚公益慈善、利他理念與實務交流。敝人受邀講演「心靈環保與社會價值」，因此有些學習心得，野人獻曝。

發亮的光源體：照千一隅

在準備此演講時，受邀於日本京都大學客座講學的臺灣大學劉順仁教授，在比叡山延曆寺看到日本天台宗開祖最澄大師（767 ～ 822，804 ～ 805，入唐留學）的「照千一隅此則國寶」法語石柱，他用電郵問我：「請問此處之『千』做何解釋？此語非常令人振奮深思，因而想要釐清文意……」我想能夠讓「企業價值」的財務報表專家劉教授「振奮

深思」，應該是很有「社會價值」的文句。

因此讓我想起法鼓山創辦人聖嚴法師說：「我們期許法鼓大學是一個發亮的光源體，是一處善良動能的發源地，可為我們的社會培育出更多淨化人心的發酵種籽，這是目前社會和世界迫切需要的。」因而揭櫫「心靈環保」之設校宗旨。所以，我想到可以將「照千一隅」、「發亮的光源體」與「心靈環保與社會價值」的演講議題結合，作如下的考察心得。

寶（社會價值）：道（利他）心也

818 年，最澄大師為建立大乘圓頓戒壇，培養大乘菩薩僧，上表天皇，作《山家學生式》：

> **國寶何物？寶，道心也。有道心人，名為國寶。故古人言：徑寸十枚，非是國寶。照千一隅，此則國寶。……乃有道心佛子，西稱菩薩，東號君子。惡事向己，好事與他。忘己利他，慈悲之極。**

進一步考察，「徑寸〔明珠〕十枚，非是國

寶；照千一隅（守一隅，照千里），此則國寶」典故是出自《史記．田敬仲完世家》或《韓詩外傳》，敘述：魏王向齊王誇他所擁有直徑一寸的夜明珠寶十枚，可照耀前後十二輛馬車的距離。但齊王卻認為有眾賢臣各守一隅，則使鄰國不敢侵犯，內政安樂，如此照耀千里的人才，才是國寶，超越商業「交換價值」的珠寶。

中國天台宗九祖湛然（711～782）大師引用此典故，再參用《牟子理惑論》之「能言不能行，國之師也。能行不能言，國之用也。能行能言，國之寶也」三品人才說，於《止觀輔行傳弘決》卷5：

> **如春秋中，齊威王二十四年。魏王問齊王曰：王之有寶乎？答：無。魏王曰：寡人國雖爾，乃有徑寸之珠十枚，照車前後各十二乘。何以萬乘之國而無寶乎？威王曰：寡人之謂寶與王寶異。有臣如檀子等，各守一隅，則使楚、趙、燕等不敢輒前。若守寇盜，則路不拾遺。以此為將則照千里，豈直十二乘車耶？魏王慚而去。此即能說能行之國寶也。**

說明「行解具備（能說能行），堪為人師，是國之寶」人才為重的價值觀。

上述具有「交換價值」的珠寶，是一般營利企業的財務報表所重視的利益，但是社會企業重視利害關係：人在健康、社交、經濟、安全、環境等整體面向，所產生正面效益之「社會價值」，例如：弱勢就業、公平交易、環境改善、社區活化、生態農業等。這種「社會價值」的源頭，可以說是「利他」的道心，因此日本最澄大師再參用《梵網經》卷 2：「……菩薩應代一切眾生受加毀辱，惡事自向己、好事與他人……」之「忘己利他」的價值，進一步說明具「慈悲心——道心」的菩薩是國寶，而提出「寶，道心也」的定義，我們或許也可說是「寶（社會價值）：道（利他）心也」。

輪王七寶與七覺意寶

對於「明珠、賢臣」的價值（寶），佛陀時代有所謂「轉輪聖王（太平盛世的君王）七寶」的典故，例如：《增壹阿含經》卷 33：

世尊告諸比丘：若轉輪聖王出現世間時，便有七寶出現世間。所謂：(1) 輪（車乘）寶、

（2）象寶、（3）馬寶、（4）珠寶、（5）玉女（王后）寶、（6）居士（主藏臣）寶、（7）典兵寶，是為七寶。

說明太平盛世君王的條件是：運轉順暢的「轉輪」（交通與政令宣導系統），動力充沛的象與馬、珠寶財富，以及賢慧王后、財務大臣、軍事大臣等。

對此，佛教進一步說明「心意」層次的「七寶」是「七覺意」（七覺支，七種覺悟要素）：「若如來（佛）出現世間時，便有七覺意寶出現世間。云何為七？所謂 1. 念覺意、2.〔擇〕法覺意、3. 精進覺意、4. 喜覺意、5. 猗（輕安）覺意、6. 定覺意、7. 護（捨）覺意……」因為，正確的「念（專注、記憶）」心態是心識作用的核心價值（寶），但需要「2. 擇法、3. 精進、4. 喜」以策勵，猶如揮鞭策馬；也需要「5. 輕安、6. 定、7. 捨」以安定，猶如勒馬韁繩，才能讓眾生適當地完成各種自利利人的事物。此也是「心靈環保與社會價值」的重要觀點。

——— 原刊於《人生》雜誌414期（2018年2月）

7 心靈環保與社區之社會營銷方案

2018年1月13日，法鼓文理學院與政治大學社會科學院，聯合主辦「人文關懷與社會實踐暨世界公益學論壇」。敝人受邀講演「心靈環保與社會價值」，於《人生》雜誌（2018年2月）發表拙文〈心靈環保與社會價值：照千一隅，此則國寶〉，今藉此再談「心靈環保與社區之社會營銷（CBSM）方案」的學習心得，就教方家。

社區之社會營銷方案

在全世界最權威的學術期刊之一《科學》（*Science*）356期（2017年4月21日），刊載Beyond the roots of human inaction: Fostering collective effort toward ecosystem conservation（〈超越不作為的根源：促進生態系統保護的集體成效〉）的研究成

果評論，綜整如下的議題：1. 為什麼改變個人行為是困難的？ 2. 改變個人的心理工具；3. 個人和集體行動；4. 利用正式的組織來影響個人；5. 通過與自然的聯繫，建立生態的理解。

此文提到：心理學研究得知，文化世界觀、社交網絡、地位不平等、政策、腳本、角色和規則的脈絡（contexts）或情境（situations），是行為的決定性因素，如果行為改變只關注個人內在價值觀、情感或知識，不是由社會環境和周圍的基礎設施所促成的，註定會失敗。反之，人類可以通過創造激勵「環境責任的」（environmentally responsible）集體行動的條件，並走向可持續發展的社會……

因此，介紹有效改變個人的心理工具：「以社區為基礎之社會營銷」（Community-Based Social Marketing, CBSM）方案（http://www.cbsm.com）。不同於「以訊息為基礎（information-based）」，只能停留於印刷和分發資料的宣傳階段，它以社會心理學為基礎，有五步驟：

（一）選定想改變的某個具體的行為，例如：想達到「減廢」（waste minimization）的成果，需要分析為「回收、掩埋、堆肥……」等不同的具體的行為，而選定其中一個為目標，因為每個行為的障礙與好處都不同。

（二）辨識障礙和好處：研究、觀察、開展一個焦點小組，進行問卷調查。

（三）針對不同的障礙，發展不同的策略。例如：以「承諾（從善意到行動）、社會規範（建立社區支持）、激勵（增強行動的動機）」克服缺少動機；以「社會擴散（加速採取新的行為）、溝通（創建有效的訊息）」克服缺少知識；以「提示（記住行動）」克服忘記行動；以「社會規範」克服缺少社會壓力；以「方便性（使行動容易）」克服結構性障礙。

（四）小規模試點，然後（五）大規模實施與評量。

淨佛國土（社區），成就眾生（大眾）

這種以「社區」為基礎，促成「大眾」永續的環保行為改變，或許很類似「菩薩乘」佛教「淨佛國土（社區），成就眾生（大眾）」的方案，不同於「聲聞乘」佛教解脫道注重「個人」身心、行為清淨的方案。例如：《法華經》所說：聲聞弟子們

「自謂已得涅槃，無所堪任，不復進求阿耨多羅三藐三菩提。……但念空、無相、無作，於菩薩法遊戲神通，淨佛國土，成就眾生，心不喜樂」。

因為聲聞弟子是以《雜阿含經》卷 1：「世尊告諸比丘：當觀色無常（苦、空、非我）。如是觀者，則為正觀。正觀者，則生厭離；厭離者，喜貪盡；喜貪盡者，說心解脫。」以「正觀無常（苦、空、非我）→厭離→喜貪盡→心解脫」的個人見解、情緒、言語、行為之修行方案。

相對於此，菩薩是必須修行「淨佛國土」，《維摩詰經》卷 1：「眾生之類是菩薩佛土。」其理由如《注維摩詰經》卷 1：「土之淨者，必由眾生」、「眾生之淨，必因眾行。直舉眾生，以釋土淨。今備舉眾行，明其所以淨也。夫行淨則眾生淨，眾生淨則佛土淨。此必然之數，不可差也。」所謂「行淨」有十八種，即十八「淨土之行」，基本上是以「○○（例如：直心）是菩薩淨土，菩薩成佛時，○○（例如：不諂）眾生來生其國」的句型與內容，來說明菩薩「化緣相」（因行）與「果報相」（得果）的關係。

依《注維摩詰經》卷 1 解釋：「菩薩心既直，化彼同己，自土既成，故令同行斯集。此明化緣相及故果報相連，則佛土之義顯也。」菩薩令自「行淨」，亦令彼眾生「行淨」（化彼同己）故說「行淨則眾生淨」。如是相同淨行眾生（眾生淨）將來同生（同行斯集）菩薩成佛之國土，故說「眾生淨則佛土淨」。因此，「心淨則佛土淨」主張的關鍵點在於「有情淨」（自他眾生淨）。

其中，所謂「行淨」（化彼同己），自土既成，故令同行斯集（社區再造與培力），「淨佛國土（社區），成就眾生（大眾）」的菩薩道，或許類似以「社區」為基礎促成「大眾」永續的環保行為改變方案。

———— 原刊於《人生》雜誌415期（2018年3月）

雙A時代的挑戰與雙B的因應

8

根據麥肯錫全球研究所(MGI)2015年出版*No Ordinary Disruption*(《非常顛覆／驟變》):*The Four Forces Breaking All the Trends*,提出顛覆傳統的四大全球力量:1. 新興市場都會化;2. 科技的加速影響(the accelerating impact of technology);3. 高齡化世界人口(an aging world population);4. 貿易、人力、資金、資訊之快速流動,形成驟變之新常態,讓10億人脫貧,未來二十年還會推動全球30億人晉身中產階級。

雙A(AI人工智能+Aging高齡化)時代的挑戰

但是,其中的「科技的加速影響」之一「人工智能」(Artificial Intelligence, AI)的發展將是未來社會的一大挑戰。英國牛津大學學者佛瑞（Carl Benedikt Frey）與奧斯本尼（Michael A. Osborne）發表 The Future of Employment: How Susceptible Are Jobs to Computerisation ?（〈就業之未來：哪些工作最易被電腦化？〉）報告指出：在未來二十年內，美國有 47％就業人口之工作將有超過七成機率，被電腦化新興科技取代。

2016 年出版《人工知能と経済の未来 2030 年雇用大崩壊》的日本駒澤大學經濟學系井上智洋博士說：「約在 2030 年，或許將實現『通用人工智能』（Artificial General Intelligence, AGI）」，它將處理人類等各種智力任務，社會和經濟將發生巨大變化。」相對於特化型 AI（例如：圖像或語音識別、自動駕駛車輛、棋藝……），AGI 是具有推理能力而確立通用性智能，具備在任何領域學習的自主性，成為可以自己增加知識以解決問題的 AI。因此，他預測日本未來極端的狀況是「只有 10％的人口工作的社會」，因為 2015 年度的日本就業人數約為 6400 萬，約占總人口的一半；其中，比較不容易被電腦化新興科技取代 CMH：創意（Creativity）、管理（Management）、款待服務（Hospitality）類的職業，總數約為 2000 萬人。

但這些職業中，AGI 在某程度上也可能替代，因此日本有可能成為只需要大約 1000 萬真正的工作人員（10％人口）的社會。對此可能造成更極端的貧富差距，井上博士認為可導入「全民基本收入」（Universal Basic Income，UBI 或簡稱 BI）的社會制度，提供全民安樂生活的基礎。

此外，2016 年，英國倫敦商學院琳達·格拉頓（Lynda Gratton）與安德魯·斯科特（Andrew Scott）教授出版 *The 100-Year Life: Living and Working in an Age of Longevity*（《百歲人生：長壽時代的生活和工作》），獲多獎項，好評如潮，為個人、企業與政府描繪未來世界的挑戰與機會：2007 年後出生的孩子，有一半會活到 100 歲。

2018 年，日本 NHK 竹田解說委員於「人生百歲的時代，工作支援政策為何？」議題解析：根據日本國立機構估計，2065 年平均壽命，女性 91.35 歲，男性 84.95 歲；百歲人口將有 54 萬 7 千人（2017 年是 6 萬 7 千餘人）。因此，若是 65 歲退休，還有 35 年的人生，但高齡者如何維持生活與工作？是當今社會必須提早認真思考的議題。竹田先生參考北歐芬蘭的經驗，提出「全民基本收入」（BI）的社會制度可能是解決方案。

雙B（BI基本收入＋BL基本〔健康〕生活型態）的因應

所謂「全民基本收入」，又稱「無條件基本收入」（Unconditional Basic Income, UBI），係指在無任何條件及資格限制下，每個成員（國民、某地區居民、某團體成員）皆可定期領取一定金額的金錢，由政府或團體發放給全體成員，以滿足人民的基本生活條件。

反對者認為此制度將降低個人工作誘因，加重國家財政負擔。贊同者則認為此制度的財源可藉由調整稅制（例如：從 AI 所產生之高所得的稅捐），因為全民不分男女老少無條件享有，可以整合各種社會津貼福利（育兒、失業、傷殘津貼、退休金等），也節省防弊稽查之行政管理成本；也因為提供最低生活保障，可降低「貧窮陷阱」（poverty trap）惡性循環，減少經濟壓力，人們比較可從事自身喜歡的工作，減少被迫從事勞動條件惡劣，乃至不正當的工作的因緣。

國際上有部分國家試行，例如：加拿大於 1974 至 1979 年間，以 1 萬居民為對象，每月大約給 500 美元，之後研究發現：男性不易輟學，女性申請較長的產假，身心更健康（藥物濫用、家暴、酒駕減少、就醫次數與費用減少）。

印度在聯合國等國際組織資助下，2011 年在 9 個村莊推動 18 個月、每月約給 4 美元，總計約 6460 人受惠。此計畫使得整體居民儲蓄增加、衛生條件、上學與工作比例大幅提高，營養狀況都有顯著改善。

敝人覺得：對於雙 A（AI 人工智能＋ Aging 高齡化）時代的挑戰，「雙 B（BI 基本收入＋ BL 基本〔健康〕生活型態）」的因應會更有長遠效果。例如：推行「身心健康五戒：微笑、刷牙、運動、吃對、睡好」與「終身學習五戒：閱讀、記錄、研參、發表、實行」之維持基本「體能、智能」生活型態（Basic Life styles, BL），如此更可以減少個人與社會經濟負擔，提升全民的服務體能與智能，增進大家的生活品質與公民素養，這或許是建設「人間淨土」的基本方針。

——— 原刊於《人生》雜誌432期（2019 年8月）

代結語

社會價值、腦神經科學與AI

敝人曾參加2016年5月法鼓文理學院與相關單位合辦第一屆「社會價值與影響力國際論壇」，之後發表〈「改變理論」與「淨土行」〉（《人生》雜誌396期，2016年8月）拙文，介紹「社會投資報酬率」（Social Return on Investment, SROI）之「改變理論」（Theory of Change, ToC）與佛教之「行淨（見解、行為改變）則眾生淨（社會改變），眾生淨則佛土淨（環境改變）」之關係。

2019年12月，法鼓文理學院有幸協辦「2019社會價值國際學術研討會」，討論國際上對「社會價值」（Social Value）與企業之「影響力管理」（Impact Management）的新觀念與政府於此發展之角色。在此會議中，對於「社會價值」決策的議題，讓我聯想到與腦神經科學之「酬賞」（reward）機制、作為修正酬賞預測誤差之多巴胺神經元反應以及 AI（人工智能）之關聯。

「價值」與酬賞（愉悅）迴路

所謂「社會投資報酬率」（SROI）是用一般企業所慣用經濟價值之貨幣數字來呈現企業所產出的社會價值之損益，猶如企業以會計財報的營收、獲利等數字，來呈現投資報酬率。以會計準則來看公益善舉的效益「改變」，例如受暴婦女救助專案，每投入 1 元成本，若可減少 9.98 元的法律訴訟與醫療支出、提升身心安全與重回職場等面向的社會效益，則可讓決策者與利害關係人更有動機去提升社會價值。

腦神經科學讓我們知道所有生物腦中都已配置尋求「酬賞」迴路，讓生物更接近理想狀態。身體脫水時，水是酬賞；能量儲存下降，食物是酬賞。此外，人類行為更普遍受到次級酬賞（例如語言文字、信念、資訊等）導引，它是讓我們可「預測」到初級酬賞（水、食物等），諺語「書中自有黃金屋、顏如玉」也即是此意。

不論是基本或抽象酬賞，我們面臨的挑戰是，各選項通常不會馬上帶來成果，只能在腦海中模擬不同選項的情境，想像未來，以「通用貨幣」（預期酬賞）標上價格（價值），然後比較與選擇。

多巴胺神經元反應＝真實酬賞－預期酬賞

生物演化史很早就已出現基本的「酬賞」機制（愉悅迴路），例如土壤中秀麗隱桿線蟲（1 公釐長，302 個神經元）也有基本的愉悅迴路。線蟲以細菌為食，善於追蹤氣味尋覓食物。但當含「多巴胺」的 8 個關鍵神經元沒有反應時，線蟲雖還能偵測到氣味，但對食物變得不在意（不太感覺吃細菌之樂趣）。

人類、老鼠等哺乳動物的酬賞（愉悅）迴路比較複雜，因其與腦部攸關決策、計畫、情緒、記憶儲存的中樞交織連結，若帶給人愉悅感，在此愉悅經驗發生之前或同時發生的感覺訊息與行為，會被記憶或聯想為正向的感覺。

然而世事無常，預測與實際常有差距，有效學習的關鍵在於追蹤「預測誤差」（預測結果與實際發生結果之間的差異）。多巴胺的作用是修正誤差，猶如化學評估分子，讓評估盡量維持在最新狀態。

因此，我們可以此算式表達：

多巴胺神經元反應（酬賞預測誤差）＝真實的酬賞－預期的酬賞。

當你的預期和真實不符，腦部的多巴胺系統會發送出能重新評估價值的訊息，如果局面比預期好，則增進多巴胺的分泌；反之，則減少多巴胺的分泌。這種預測誤差的訊號，會使腦的其他部位調整期望，試圖在下次更接近現實。

現未、自他之價值抉擇之AI「認知彌補」

但是，人們在「即時滿足」及「未來利益」，或自己與他人利益之間進行抉擇時，很容易做出目光短淺的決定。這種「現未、自他」之價值抉擇競爭發生於每天日常生活，車商希望你上車試駕，服飾店希望你試穿衣服，因為純粹在腦海中模擬未來，是比不上此時此刻自身之真實體驗。

因此，許多屬於「未來、他人」之社會價值，容易被忽略或拖延。《科學人》（2019 年 12 月）之〈AI 助你不拖延〉（Cognitive Prostheses for Goal Achievement，認知彌補術激勵人們完成任務）報導中，德國馬克士普朗克智慧系統研究所的認知科學家利德（Falk Lieder）說：「由於這種立即獲得的酬賞與長期價值之間的不對等，人們往往不會實踐對其未來最有利的事。」

他們設計一款名為「認知彌補術」（Cognitive Prosthesis）的數位工具，利用人工智能（AI），把各種要素列入考量，例如任務列表、個人對每一項任務的主觀厭惡程度，以及可用時間的多寡，再根據個別情況，為每項任務分配酬賞積分，輔助人們在進行決策時比較即時酬賞與長期價值，以鼓勵使用者完成所有任務。

該團隊研究結果發表於 2019 年 8 月的《自然．人類行為》，該研究顯示：120 名受試者中，使用此工具者有 85% 完成所有任務；反之則是 56%。

未來，若能運用「社會投資報酬」（SROI）之「認知彌補」，或許有助於社會價值之即時評量，也增進「行淨（見解、行為改變）→眾生淨（社會改變）→佛土淨（環境改變）」之原因連結（Causal Linkages），也更能建立緣起法則的正見。

——— 原刊於《人生》雜誌437期（2020年1月）

般若方程式 18

校長的十八般武藝

The President's Extensive Skills in Buddhist Practice

著者	釋惠敏
出版	法鼓文化
總監	釋果賢
總編輯	陳重光
編輯	林蒨蓉
封面設計	化外設計
內頁美編	小工
地址	臺北市北投區公館路186號5樓
電話	(02)2893-4646
傳真	(02)2896-0731
網址	http://www.ddc.com.tw
E-mail	market@ddc.com.tw
讀者服務專線	(02)2896-1600
初版一刷	2020年7月
建議售價	新臺幣240元
郵撥帳號	50013371
戶名	財團法人法鼓山文教基金會—法鼓文化
北美經銷處	紐約東初禪寺 Chan Meditation Center (New York, USA) Tel: (718)592-6593 Fax: (718)592-0717

法鼓文化

國家圖書館出版品預行編目資料

校長的十八般武藝 / 釋惠敏著. -- 初版. -- 臺北市 : 法鼓文化, 2020. 07
面 ； 公分
ISBN 978-957-598-851-7（平裝）

1. 佛教修持 2. 生活指導

225.87 109006023